312718

Stefan Maurer, BSc

Die Renminbi Öffnung und neue Möglichkeiten der Absicherung im Außenhandel mit China

Bachelor + Master
Publishing

Maurer, BSc, Stefan: Die Renminbi Öffnung und neue Möglichkeiten der Absicherung im
Außenhandel mit China, Hamburg, Bachelor + Master Publishing 2013
Originaltitel der Abschlussarbeit: Die Renminbi Öffnung und neue Möglichkeiten der
Absicherung im Außenhandel mit China

Buch-ISBN: 978-3-95549-184-0
PDF-eBook-ISBN: 978-3-95549-684-5
Druck/Herstellung: Bachelor + Master Publishing, Hamburg, 2013
Zugl. Universität Wien, Wien, Österreich, Bachelorarbeit, Dezember 2012

Bibliografische Information der Deutschen Nationalbibliothek:
Die Deutsche Nationalbibliothek verzeichnet diese Publikation in der Deutschen
Nationalbibliografie; detaillierte bibliografische Daten sind im Internet über
http://dnb.d-nb.de abrufbar.

Das Werk einschließlich aller seiner Teile ist urheberrechtlich geschützt. Jede Verwertung
außerhalb der Grenzen des Urheberrechtsgesetzes ist ohne Zustimmung des Verlages
unzulässig und strafbar. Dies gilt insbesondere für Vervielfältigungen, Übersetzungen,
Mikroverfilmungen und die Einspeicherung und Bearbeitung in elektronischen Systemen.

Die Wiedergabe von Gebrauchsnamen, Handelsnamen, Warenbezeichnungen usw. in diesem
Werk berechtigt auch ohne besondere Kennzeichnung nicht zu der Annahme, dass solche
Namen im Sinne der Warenzeichen- und Markenschutz-Gesetzgebung als frei zu betrachten
wären und daher von jedermann benutzt werden dürften.

Die Informationen in diesem Werk wurden mit Sorgfalt erarbeitet. Dennoch können Fehler nicht
vollständig ausgeschlossen werden und die Diplomica Verlag GmbH, die Autoren oder
Übersetzer übernehmen keine juristische Verantwortung oder irgendeine Haftung für evtl.
verbliebene fehlerhafte Angaben und deren Folgen.

Alle Rechte vorbehalten

© Bachelor + Master Publishing, Imprint der Diplomica Verlag GmbH
Hermannstal 119k, 22119 Hamburg
http://www.diplomica-verlag.de, Hamburg 2013
Printed in Germany

Inhaltsverzeichnis

Abbildungsverzeichnis I

Tabellenverzeichnis I

1 Einleitung **1**
   1.1 Zentrale Problemstellung und Relevanz der Thematik 1
   1.2 Forschungsfrage und Ziel der Arbeit 2
   1.3 Vorgehensweise und Methodik 3

2 Der Renminbi (RMB) **5**
   2.1 Geschichte des RMB 5
   2.2 Liberalisierung des RMB 7
      2.2.1 Entwicklung des RMB nach Bekanntmachung der Liberalisierungsstrategie 7
      2.2.2 Internationalisierung des RMB 9
      2.2.3 Renminbi Trade Settlement Scheme (RTSS) 13
         2.2.3.1 Entwicklung des Renminbi Trade Settlement Scheme 13
         2.2.3.2 Ablauf von RTSS-Transaktionen 16
      2.2.4 Fester vs. frei konvertierbarer Wechselkurs in Bezug auf China 17
         2.2.4.1 Argumente für ein festes Wechselkurssystem 17
         2.2.4.2 Argumente für ein flexibles Wechselkurssystem 18
      2.2.5 RMB als potenzielle zukünftige Weltwährung 19
      2.2.6 Zwischenresümee 22

3 Offshore-Markt Hongkong **24**
   3.1 Entwicklung des Offshore-Marktes Hongkong 25
   3.2 Ausländische Direktinvestitionen über Hongkong 26
   3.3 Offshore-Währungshandel in RMB 28
   3.4 RMB-Offshore-Konten 29
   3.5 Dim Sum Bonds 30
   3.6 Absicherungsinstrumente 32
      3.6.1 Absicherungsinstrumente allgemein 32
         3.6.1.1 Devisen-Forwards 34
         3.6.1.2 Devisen-Futures 35
         3.6.1.3 Devisen-Optionen 36

    3.6.2   *RMB-Absicherungsinstrumente am Finanzplatz Hongkong* 37

        3.6.2.1   Non-Deliverable Forwards am Finanzplatz Hongkong 38

        3.6.2.2   CNH-Futures am Finanzplatz Hongkong 39

        3.6.2.3   Weitere Absicherungsinstrumente am Finanzplatz Hongkong 40

    3.7   Zwischenresümee 41

4   Exkurs: Handelsbeziehung Österreich-China **42**

    5. Conclusio 45

    5.1 Resümee 45

    5.2 Ausblick 47

    5.3 Limitationen der Arbeit 48

Literaturverzeichnis **50**

Abbildungsverzeichnis

Abbildung 1: Wechselkurs RMB pro USD 5

Abbildung 2: RTSS-Transaktion Exporteur 16

Abbildung 3: RTSS-Transaktion Importeur 17

Abbildung 4: Onshore- und Offshore-Zahlungsverkehr 24

Abbildung 5: Dim-Sum-Bond-Emissionen 32

Tabellenverzeichnis

Tabelle 1: Meilensteine des RTSS 14

Tabelle 2: Vergleich Offshore RMB-Konto mit Onshore RMB-Konto 29

Tabelle 3: Die fünf wichtigsten Handelspartner Österreichs 2011 43

1 Einleitung

1.1 Zentrale Problemstellung und Relevanz der Thematik

Die Relevanz der schrittweisen Öffnung des Renminbi und die daraus resultierenden neuen Absicherungsmöglichkeiten für österreichische Unternehmen in China liegen vor allem darin, dass China mittlerweile der zweitwichtigste Außenhandelspartner Österreichs, gemessen am gesamten Außenhandelsvolumen (Importe und Exporte) außerhalb Europas ist, und diese im Jahr 2010 um 40% auf EUR 8,24 Milliarden anstiegen.[1] Österreichs Exporte in die Chinesische Volksrepublik beliefen sich im Jahr 2011 auf 2,40% (Importe: 4,90%) und lagen somit auf Augenhöhe mit den EU-Oststaaten Ungarn, Polen und Slowakei.[2]

In der Vergangenheit unternahm die chinesische Regierung alles, um die Parität künstlich niedrig zu halten und sich selbst Handelsvorteile zu verschaffen, um die eigenen Exporte anzukurbeln. Das Problem besteht vor allem darin, dass der Renminbi keine vollkommen frei konvertierbare Währung und nach wie vor fest an den US-Dollar gekoppelt ist, und mit einer maximal vorgegebenen täglichen Schwankungsbreite von 1% vom festgelegten Mittelkurs der chinesischen Zentralbank abweichen darf (von 2008 bis 2011 betrug die Schwankungsbreite 0,5%).[3]

Doch die chinesische Zentralbank versucht nach und nach ihre restriktive Haltung zu lockern und die Abwicklung internationaler Transaktionen auch bzw. vor allem in Renminbi zu ermöglichen. Allerdings wird diese Annäherung an eine vollkommen frei konvertierbare Währung einige Gefahren für die chinesische Volkswirtschaft bedeuten, denn dann wäre der Renminbi den Kräften des Marktes ausgesetzt und müsste sich gegenüber dem US-Dollar aufwerten, bis sich das Ungleichgewicht in der Leistungsbilanz ausgleicht (denn diese Überschüsse würden zu einer erhöhten Nachfrage des Renminbi führen). Doch die chinesische Zentralbank versucht dies zu verhindern, indem sie für ausreichend Renminbi-Angebot sorgt und US-Anleihen kauft. Um Chinas Wachstum von einer rein exportorientierten Wirtschaft hin zu einem nachhaltigen, konsumgetriebenen Wirtschaftswachstum zu verlagern, lässt die chinesische Zentralbank zum jetzigen Zeitpunkt eine Aufwertung in Höhe von 7,60% ihrer Währung gegenüber dem USD zu.[4]

Ein bedeutender Schritt für ausländische Unternehmen war die Einführung des „Renminbi Trade Settlement Scheme" (RTTS), welches im Jahr 2009 von der chinesischen Zentralbank

---

[1] vgl. Somweber (2012)
[2] vgl. Statistik Austria (2012)
[3] vgl. Steurer (2012)
[4] vgl. Morrison/ Labonte (2011) S. 1

gestartet wurde. Dieses Programm beinhaltet seit 2010, dass alle Güter- und Dienstleistungstransaktionen zwischen Unternehmen in Festlandchina und anderen ausländischen Unternehmen in Renminbi abgewickelt werden können, jedoch unter strenger Aufsicht der chinesischen Zentralbank. Einen wichtigen Beitrag hierzu liefert die Sonderverwaltungszone Hongkong, welche im Vergleich zum stark regulierten Festlandchina und dem Onshore-RMB (CNY) viel liberaler agiert. Vor Ort hat sich ein Parallelmarkt zum lokalen chinesischen Währungsmarkt entwickelt, der Offshore-RMB (CNH), welcher auch vom Onshore-Kurs abweichen kann und nach dem Transfer ins Ausland frei handelbar ist. Der CNH wird in Hongkong frei gehandelt und unterliegt nicht den Bestimmungen des CNY, wodurch Unternehmen die Möglichkeit haben ihre Devisen- und Geldanlagegeschäfte in CNH durchzuführen.[5]

Das mittel- bzw. langfristige Ziel der Volksrepublik besteht darin, den Renminbi zu einer frei handelbaren Währung zu machen und diesen als Alternative zur Leitwährung USD zu etablieren. Die Voraussetzung, um dies zu verwirklichen, wäre die Akzeptanz von chinesischen Krediten in Entwicklungsländern, abgewickelt in Renminbi und nicht wie bisher in US-Dollar.[6]

Österreichische Exporteure werden durch die Renminbi-Öffnung und die daraus resultierende Aufwertung des Renminbi verstärkt versuchen, den chinesischen Markt zu erschließen. Doch diese Öffnung der Währungspolitik bedeutet nicht automatisch eine Öffnung chinesischer Märkte für ausländische Unternehmen, denn die Regierung will wie in den vergangenen Jahrzehnten durch gezielte Devisenmarktinterventionen alles stark reglementieren, steuern und auch die letzte Kontrolle ausüben.[7]

1.2 Forschungsfrage und Ziel der Arbeit

„Welche Maßnahmen wurden bis dato von der chinesischen Regierung für die Renminbi-Liberalisierung unternommen und wie werden sich diese auf die Volksrepublik China auswirken?"

„Welche Konsequenzen ergeben sich für österreichische Unternehmen durch die Renminbi-Öffnung?"

---

[5] vgl. Hong Kong Monetary Authority (2012a) S. 2
[6] vgl. Rohde (2012)
[7] vgl. Kopitzki (2012) S. 12ff in Susbielle (2007) S.67

Das Ziel dieser Arbeit ist es, mittels sorgfältiger Literaturrecherche, die zurzeit stattfindenden Änderungen der Renminbi-Rahmenbedingungen zu untersuchen und mögliche zukünftige Auswirkungen zu erörtern. Des Weiteren soll die Arbeit einen Überblick über die neuen wirtschaftlichen Möglichkeiten und Konsequenzen für österreichische Unternehmen aufzeigen, die mit der RMB-Liberalisierung einhergehen.

1.3 Vorgehensweise und Methodik

Um auf das angestrebte Ziel, dementsprechende neue Möglichkeiten im Außenhandel mit China für österreichische Exporteure, aufzeigen zu können, müssen zu Beginn dieser Arbeit mittels sorgfältiger Literaturanalyse der chinesische Markt bzw. dessen Rahmenbedingungen analysiert werden.

Der erste Teil dieser Arbeit wird einen aussagekräftigen Überblick über die gegenwärtige wie auch mögliche zukünftige Entwicklung des chinesischen Währungssystems beinhalten. Hierbei ist es essenziell, auf das „Renminbi Trade Settlement Scheme" näher einzugehen, da dieses Programm einer der bedeutendsten Schritte in Richtung Renminbi-Öffnung ist und als möglicher Auslöser gesehen wird, den USD als Leitwährung zu verdrängen. Dieses wichtige Maßnahmenpaket bedeutet einen größeren wirtschaftlichen Spielraum bzw. weniger Abhängigkeit gegenüber chinesischen Handelspartnern. Diese Konsequenzen werden in diesem Kapitel beschrieben. Ebenso wie die möglichen langfristigen Folgen einer erfolgreichen Renminbi-Liberalisierung sowie Internationalisierung.

Nach Analyse der wirtschaftlichen Rahmenbedingungen wird der Finanzplatz Hongkong und dessen Relevanz für Exporteure untersucht. Besonderer Betrachtung hierbei bedarf der Offshore-Renminbi (CNH) und seine Bedeutung für ausländische Unternehmungen, die in China tätig sind.

Der empirische Teil dieser Arbeit baut auf einem Experteninterview mit zwei Wirtschaftsdelegierten der Wirtschaftskammer Österreich (zum einen verantwortlich für Hongkong, Macau und Süd-China, zum anderen zuständig für Shanghai) auf, da diese über umfangreiche und praxisnahe Marktinformationen verfügen. Zudem stehen beide Experten in ständigem Kontakt mit österreichischen Exporteuren sowie dort ansässigen Banken und sind daher mit den aktuellen Geschehnissen in China vertraut. Ein weiterer wichtiger Aspekt ist, dass beide Experten über die chinesischen Wechselkursproblematiken informiert sind und den österreichischen Exporteuren beratend zur Seite stehen. Diese Experteninterviews dienen dazu, einen tieferen Einblick in die neuen und praxisrelevanten Absicherungsmöglichkeiten für österreichische Exporteure zu bekommen.

2 Der Renminbi (RMB)

2.1 Geschichte des RMB

Die Volksrepublik China war in den vergangenen Jahrhunderten geprägt von zahlreichen Bürgerkriegen und politischen Unruhen, welche sich in einem geldpolitischen Durcheinander widerspiegelten. Im 19. Jahrhundert war China von steigenden Inflationen betroffen, was mehrmals wechselnde Währungen zur Folge hatte.[8] So hieß die offizielle chinesische Volkswährung von 1889 bis 1949 Yuan, dessen Name sich bis heute durchgesetzt hat. Der Renminbi (RMB), auf Deutsch „Volkswährung", wurde von der chinesischen Volksbank erstmals im Jahr 1948 herausgegeben, um eine einheitliche Landeswährung für die damals neu unter Revolutionsführer Mao Zedong gegründete Volksrepublik China zu gewährleisten.[9]

In der folgenden Abbildung 1 wird der Wechselkurs zwischen dem Renminbi und dem US-Dollar von den Jahren 1981 bis Anfang 2012 dargestellt.

Abbildung 1: Wechselkurs RMB pro USD

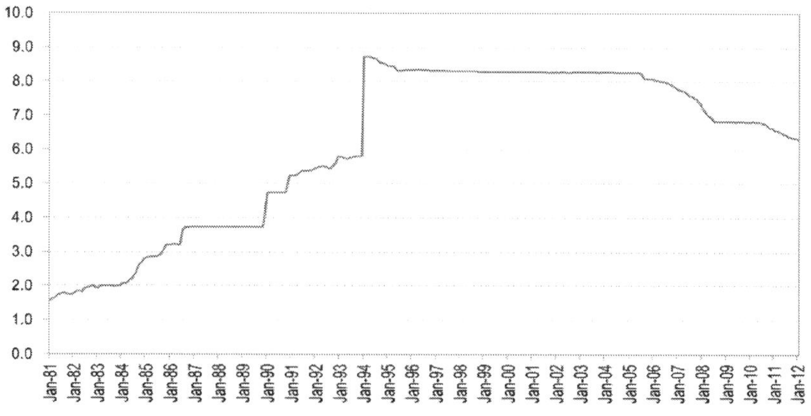

Quelle: Federal Reserve (2011)

Der nächste Meilenstein in der Geschichte der chinesischen Währung war die Einführung eines dualen Wechselkurssystems im Jahr 1981. Dieses beinhaltete einen vom Staat festgelegten Wechselkurs, sowie einen spezifischen nur für Handelsgeschäfte gedachten Kurs (swap rate), welcher sowohl von den Marktkräften wie auch von staatlichen Interventionen beeinflusst wurde. Dieses duale Wechselkurssystem wurde jedoch im Jahr 1993 beendet, da sich

---

[8] vgl. Eckert (2012) S. 89
[9] vgl. Lexikon Universal-Wissen (2011)

die Swap rate um über 50% unter dem offiziellen Wechselkurs befand und der Markt für Handelstransaktionen immer mehr an Bedeutung gewann. Von diesem Zeitpunkt an existierte nur noch ein einziger Wechselkurs in der Volksrepublik China. Dieses neue System wurde als gemanagter flexibler Wechselkurs bezeichnet, obwohl dieser streng mit einer maximalen Schwankungsbreite von +/-0,30% an den USD gekoppelt war.[10] In diesen Jahren wurde der Wechselkurs des RMB durch gezielte Devisenmarktinterventionen und Kapitalverkehrskontrollen durch die chinesische Zentralbank konstant bei 8,277 Yuan je Dollar gehalten. Das eigentliche Ziel der chinesischen Regierung bestand darin, die steigende Inflation zu bekämpfen bzw. abzuschwächen. Dies gelang der Volksrepublik bereits im ersten Jahr (1995), wobei die Inflationsrate um 13 Prozentpunkte von 25% auf 12% sank. Dieses Wechselkursniveau gegenüber dem USD wurde zehn Jahre konstant aufrechterhalten und überstand selbst die Asienkrise 1997/1998, wobei viele südostasiatische Länder gezwungen waren ihre Währung stark abzuwerten und die Bindung an den USD zu beenden.[11]

Als Indiz einer möglichen Über- oder Unterbewertung gilt die Handelsbilanz eines Staates, welche im Falle Chinas von 2000 bis 2006 stark anstieg und im Jahr 2006 ihren Höhepunkt erreichte. Dies führte zu massiver Kritik von Währungsexperten, da diese von einer Unterbewertung des chinesischen RMB von etwa 40% ausgingen. Als Begründung nannten die Experten, dass sich China zu sehr auf einen stabilen Wechselkurs und eine geldpolitische Unabhängigkeit fokussiere. Die Volksrepublik versuchte dies, indem sie die Kapitalverkehrstransaktionen streng kontrollierte, sowie mithilfe von Interventionen seitens der chinesischen Zentralbank, um den RMB innerhalb der vorgegebenen Bandbreite zu halten.[12] Da die chinesische Regierung durch die gezielte Unterbewertung des RMB die Exporte förderte, mussten besonders die EU und die USA protektionistische Maßnahmen (Strafzölle, Steuern und Antidumpingzölle) ergreifen, um die inländischen Produzenten zu schützen.[13]

Nachdem der Kurs knapp 10 Jahre konstant auf demselben Niveau gehalten wurde, musste sich die chinesische Volksrepublik jedoch dem Druck der USA beugen und den RMB aufwerten. Dies geschah im Juli 2005 und bedeute eine 2,10%ige Aufwertung gegenüber dem USD. Zusätzlich vermeldete die chinesische Regierung, von der ursprünglichen festen Dollarbindung auf eine Kopplung an einen unbekannten Warenkorb überzugehen.[14] Dies

---
[10] vgl. Novaczyk (2010) S.9f in Herr (2008)
[11] vgl. Kopitzki (2010) S. 4 in Blanchard/ Illing (2009) S. 641
[12] vgl. Körnig (2011) S. 16 in Goldstein (2008) S. 19
[13] vgl. Kopitzki (2010) S. 6 in Blanchard/ Illing (2009) S. 642
[14] vgl. Novaczyk (2010) S. 10 in Geiger (2002) S. 3
[15] vgl. Kopitzki (2010) S. 7 in Blanchard/ Illing (2009) S. 642
[16] vgl. Eckert (2012) S. 115f

hatte zur Folge, dass der RMB zwischen 2005 und 2008 um 21% gegenüber dem USD aufwertete. Jedoch sah sich die chinesische Regierung mit Entstehung der Finanzkrise Mitte 2008 gezwungen, den flexiblen Wechselkurs aufzugeben und zur Dollarbindung zurückzukehren.[15]

Im September 2008 wiederfuhr China eine starke Aufwertung des RMB, nachdem der USD aufgrund der Lehman-Brothers-Pleite als Fluchtwährung stark nachgefragt wurde und sich daraus resultierend kurzfristig verteuerte. Dies änderte sich jedoch im Frühjahr 2009, als der USD wegen der Finanzkrise seine Talfahrt fortführte und abwerten musste. Die Volksrepublik trotzte dieser Abwertung des USD und behielt die Kopplung zu 6,83 Yuan bei, was zur Folge hatte, dass der RMB gegenüber dem USD aufwertete. Wenn der Wert des USD jedoch wieder anstieg und aufwertete, unterbrach die chinesische Zentralbank diesen Prozess sofort ohne zu zögern.[16]

Da zu diesem Zeitpunkt die chinesische Währungspolitik immer lauter und heftiger kritisiert wurde, entschloss sich die chinesische Zentralbank am 19. Juni 2010, genau eine Woche vor dem Wirtschaftsgipfel, den Wechselkurs des RMB in Zukunft flexibilisieren zu wollen.[17]

2.2 Liberalisierung des RMB

2.2.1 Entwicklung des RMB nach Bekanntmachung der Liberalisierungsstrategie

Die von der chinesischen Zentralbank angekündigte Liberalisierung des RMB im Juni 2010 löste zahlreiche Diskussionen unter Währungsexperten aus, da sich diese nicht im Klaren waren was diese Ankündigung bzw. dieses Versprechen genau bedeuten würde. Einerseits gingen einige Experten davon aus, dass dies der schon lange herbeigesehnte Schritt in Richtung vollkommene Liberalisierung des RMB sein könnte. Auf der anderen Seite gaben Experten zu Protokoll, dass dies eine bloße Kundmachung sei, um die Märkte zu beruhigen und in Wirklichkeit gar nichts dahinterstecke bzw. die Volksrepublik alles beim Alten belassen wolle. Nach Bekanntgabe der angekündigten Liberalisierung durfte der RMB um maximal 0,50% pro Tag aufwerten, wurde jedoch regelmäßig durch Interventionen der chinesischen Zentralbank gebremst, um nicht allzu viel zu steigen. Innerhalb eines halben Jahres nach Einführung dieser Flexibilisierungs-Strategie legte der RMB lediglich um 1% zu. Im Jahr 2011 verkündete die chinesische Regierung, dass das Fluktuationsspektrum für den

---

[17] vgl. Sato et al (2010) S. 2
[18] vgl. Eckert (2012) S. 114ff
[19] vgl. Yükyapan (2011)

täglichen Handel zwischen RMB und USD auf eine Bandbreite von +/-1,00% vergrößert werden sollte. Dies führte jedoch nur zu einer geringen Aufwertung des RMB gegenüber dem USD und lag zwischen Mitte 2010 und Anfang 2012 bei +7,50%. Dies sind klare Indizien, dass die chinesische Regierung diesen Aufwertungsprozess so langsam wie möglich vollziehen will.[18]

Als dieser langsame Prozess von Seiten diverser Staaten kritisiert wurde, konterte der chinesische Regierungschef Wen Jiabao, dass der Wechselkurs seit März 2005 um 30% zugelegt habe und sich zum jetzigen Zeitpunkt möglicherweise auf einem ausgeglichenen Niveau befinde. Dies rechtfertigte er mit beidseitigen Schwankungen am Finanzplatz Hongkong, sowie dem aktuell stattfindenden Rückgang chinesischer Exporte. Zusätzlich argumentierte er, dass die vollzogene Erhöhung der Schwankungsbreite auf 1% zu einer besseren Orientierung chinesischer Marktpreise führe und sich dadurch der RMB stärker aufwerten könnte.[19]

Doch diese langsame Annäherung an die Währungsflexibilisierung könnte einige Gefahren mit sich bringen, da dies eine Verschlechterung der Exportwirtschaft anderer Staaten bedeuten würde. Diese wiederum würden Vergeltungssanktionen starten, um dies mit allen möglichen Mitteln zu verhindern.[20]

Durch diesen bewusst niedrig gehaltenen Wechselkurs gehen einige Ökonomen davon aus, dass China den RMB als Waffe benutzt, um deren Exportwirtschaft ungerechte Wettbewerbsvorteile zu verschaffen. Diese in kleinen Schritten angekündigte Währungsflexibilisierung und die damit verbundene Aufwertung des RMB würde zu Exportrückgängen der chinesischen Volksrepublik führen, was jedoch nicht automatisch bedeuten würde, dass China seine Wettbewerbsvorteile in Exportgeschäften verliert. Die Begründung liegt darin, dass China die Mehrheit seiner Exportgüter aus angrenzenden asiatischen Ländern importiert und in der Volksrepublik lediglich weiterverarbeitet bzw. veredelt. Bei einer 10%igen Aufwertung des RMB würden die Kosten der Exportwaren um nicht mehr als 3% ansteigen.[21]

In der Vergangenheit wurden internationale Handelsgeschäfte mit chinesischen Unternehmen überwiegend in Euro oder USD abgewickelt, da der RMB nicht frei handelbar war bzw. teilweise noch immer nicht ist. Die aktuelle Entwicklung zeigt, dass ausländische Unternehmungen verstärkt daran interessiert sind, ihre Handelsgeschäfte in RMB abzuwickeln, da der

---

[20] vgl. Eckert (2012) S. 144f
[21] vgl. Kopitzki (2010) S. 11 in Blanchard/ Illing (2009) S. 643ff
[22] vgl. Körnig (2011) S. 25 in Ba et al (2010) S. 189
[23] vgl. Koll (2011)
[24] Für weitere Ausführungen zum Renminbi Trade Settlement Scheme sei der Leser auf Kapitel 2.2.3 verwiesen

chinesische Markt in deren Expansionsstrategien unumgänglich sein wird. Außerdem sind Unternehmungen nicht mehr den USD-Wechselkursschwankungen ausgesetzt und können vom kontinuierlich steigenden Wert des RMB gegenüber dem USD und Euro profitieren.[22] Um diese internationalen Handelsgeschäfte in RMB abwickeln zu können, wurde von der chinesischen Regierung im Jahr 2009 ein Pilotprojekt mit dem Namen „Renminbi Trade Settlement Scheme" gestartet. Dieses wird als Meilenstein für die Internationalisierung des RMB gesehen und dient nicht nur dazu, chinesische Unternehmen in internationalen Geschäften zu unterstützen, sondern soll gezielt auch ausländischen Exporteuren das Handeln mit dem RMB erleichtern.[23][24]

2.2.2 Internationalisierung des RMB

Eine internationale Währung definiert sich laut Chen et al (2011) durch ihre inner- sowie außerstaatliche Anwendung und wird durch deren Bereitwilligkeit, Zugänglichkeit und Häufigkeit von international durchgeführten Transaktionen charakterisiert. Die internationale Bedeutung einer Währung steht in enger Verbindung zu einigen Grundfunktionen des Geldes[25]:

- Die staatliche und private Nutzung der Währung, um in inländische Devisenmärkte eingreifen zu können
- Fixierung der lokalen Währung
- Halten internationaler Währungsreserven
- Durchführung von internationalen Handels- und Beteiligungstransaktionen
- Abrechnung von internationalen Transaktionen in lokaler Währung

Wenn man die Entwicklung des RMB betrachtet, bemerkt man, dass ausländische Unternehmen verstärkt daran Interesse zeigen, die chinesische Volkswährung anstelle vom USD oder EUR zu nutzen. Daran wird ersichtlich, dass das Vertrauen in den RMB stetig zunimmt. Der zurzeit stattfindende Abkopplungsprozess vom USD stellt eine wichtige Voraussetzung dar, um die nötigen Rahmenbedingungen für eine Internationalisierung des RMB zu schaffen. Tatsache ist jedoch, dass das Nichtvorhandensein der Kapitalkonvertibilität ein wesentliches Hindernis für Chinas RMB-Internationalisierungsprozess darstellt. Dies führt bei steigender Nachfrage des RMB dazu, dass die internationalen Finanzmärkte nicht marktkonform auf diesen Anstieg reagieren können und somit diesen Prozess verlangsamen. Um diese Kapital-

---

[25] vgl. Chen/ Cheung (2011) S. 2f
[26] vgl. Körnig (2011) S. 26 in Ba et al (2010) S. 189

konvertibilität gewährleisten zu können, müssen die Aufsicht und die Regulierung für Finanzinstitutionen sowie für staatliche Unternehmen verstärkt werden. Um die freien Kapitalflüsse angleichen zu können, muss die RMB-Flexibilisierung beschleunigt werden.[26]

Durch die zurzeit stattfindenden währungspolitischen Maßnahmen Chinas erkennt man, dass die chinesische Politik große Hoffnungen in die Internationalisierung des RMB setzt. Denn das Ziel ist es, Shanghai als weltweit führendes Finanzzentrum bis zum Jahr 2020 zu etablieren. Dies impliziert, dass China einen liquiden Finanzmarkt für internationale Investoren bzw. Unternehmen schaffen muss. Die Volksrepublik verfügt bereits über zahlreiche Vorteile gegenüber anderen Staaten, um diesen Zielen gerecht werden zu können. Zum einen ist China mittlerweile die zweitgrößte Volkswirtschaft weltweit und kann auf einen hohen Handelsbilanzüberschuss verweisen. Darüber hinaus verfügt China über zwei wichtige Institutionen, die Zentralbank und die „State Administration of Foreign Exchange" (staatliche Wechselkursinstitution), welche aktiv in den Onshore sowie Offshore RMB-Markt intervenieren.

Dabei haben diese beiden Behörden einige Hindernisse zu bewältigen. Dies wäre der zurzeit sehr kleine und überschaubare Markt (Marktkapitalisierung 2010: USD 2,50 Trillionen) für festverzinsliche Papiere, der besonders für ausländische Investoren von Bedeutung ist bzw. wäre. Wenn man den chinesischen Anleihenmarkt mit dem der USA vergleicht (25 Trillionen USD), wird ersichtlich, dass ein hohes Wachstumspotenzial besteht. Die Wachstumsraten von Chinas Anleihenmarkt betrugen seit der Jahrtausendwende jährlich um die 30%.[27]

Ein wichtiger Schritt in Richtung Internationalisierung des RMB wäre die Aufnahme in den SDR (Special Drawing Right), welcher im Jahr 1969 vom IMF (Internationaler Währungsfonds) als künstliche Währungseinheit gegründet wurde. Der SDR hat die Aufgabe, einen gewissen Reservebestand an Währungen aufrechtzuerhalten und ist an einen Währungskorb gebunden, der alle fünf Jahre vom IMF Executive Board auf Richtigkeit bzw. Aktualität überprüft wird. Um in diesen Währungskorb aufgenommen zu werden, muss es sich um eine international bedeutende Währung handeln. Die letzte Überprüfung des IMF Executive Board fand im November 2010 statt und bestimmte vier zum SDR zugehörige Währungen, nämlich USD, Euro, Pfund und den japanischen Yen. Diese Währungen bzw. Länder werden aufgrund ihrer Größe des Exportsektors sowie deren freien Konvertibilität in diesen Währungskorb aufgenommen und je nach Bedeutung dieser beiden Faktoren beurteilt (USD 41,90, EUR 37,40, GBP 11,30, JPY 9,40). Obwohl die Volksrepublik China mit 3,64 Trillionen USD die

---

[27] vgl. Eichengreen (2011) S. 5f
[28] vgl. Chen/ Cheung (2011) S. 5f

zweitgrößte Volkswirtschaft (gemessen an Importen und Exporten) ist, wurde der RMB nicht in den SDR aufgenommen. Dies begründet sich darin, dass der RMB nach wie vor nicht vollkommen frei konvertierbar ist. Jedoch sind sich Währungsexperten einig, dass der RMB in absehbarer Zeit im SDR inkludiert sein wird.[28]

Ein weiterer wichtiger Indikator, um eine Währung eines Staates anhand seiner internationalen Bedeutung zu klassifizieren, ist die Höhe der fakturierten Handelsgeschäfte in dessen lokaler Währung. Auch wenn sich diese Kennzahl nur schwer überprüfen lässt, gibt es aktuelle Berichte, die den USD gefolgt vom EUR und dem japanischen Yen als führende rechnungslegende Währungen in internationalen Handelsgeschäften beziffern. Der chinesische RMB wurde in der Vergangenheit selten bis gar nicht als fakturierende Währung bei Auslandsgeschäften verwendet. Dies jedoch versuchte die „China State Administration of Foreign Exchange" im Jahr 2003 zu ändern, indem sie neue Gesetze schuf, um den RMB als rechnungslegende Währung in Import- sowie Exportgeschäften zu etablieren. Dieses Vorhaben betraf allerdings nur den Handel mit grenznahen Staaten, wie Kambodscha, Mongolei, Vietnam und Russland. Da der Handel mit diesen Nachbarländern von relativ geringer Bedeutung war, versprach man sich mit einem im Jahr 2009 initiierten Pilotprogramm, dem „Renminbi Trade Settlement Scheme" (RTSS), den RMB als fakturierende Handelswährung in weiteren Staaten einführen zu können.[29]

Die Internationalisierung des RMB ist nicht nur eine innerstaatliche Angelegenheit der Volksrepublik, sondern wird von vielen wirtschaftsführenden Staaten als sehr bedeutender Schritt in Richtung wirtschaftspolitische Öffnung Chinas gesehen. Die chinesische Regierung kündigte im Jahr 2011 an, dass man den RMB in Zukunft nicht nur vermehrt als rechnungslegende Währung in grenzüberschreitenden Handelstransaktionen sehen wird, sondern auch als internationales Tauschmittel sowie als Wertanlage verwenden kann bzw. wird. Mit diesem angekündigten Versprechen und Chinas steigender Bedeutung im Welthandel wird der RMB mittelfristig mehr Bedeutung an globalen Währungsmärkten erlangen, die dann laut Ankündigungen der chinesischen Regierung in Einklang mit deren Wirtschaftsgröße stehen wird.[30]

Zum jetzigen Zeitpunkt wird erwartet, dass der RMB-Internationalisierungsprozess drei Stufen durchlaufen wird [31:] (1) Liberalisierung, (2) Regionalisierung, (3) Globalisierung.

---

[29] vgl. Chen/ Cheung (2011) S. 7
[30] vgl. Park/ Song (2011) S. 42ff
[31] vgl. Körnig (2011) S. 28

(1) Der erste und wichtigste Schritt in Richtung Internationalisierung stellt die Liberalisierung bzw. Kapitalkonvertibilität des RMB dar. China versuchte bereits in den 1990er Jahren, den RMB freier handeln zu lassen, wurde jedoch durch den Ausbruch der Asienkrise im Jahr 1997 davon abgehalten. Einen wichtigen Meilenstein, um die Volkswährung nach außen hin zu öffnen und den Prozess der RMB-Internationalisierung voranzutreiben, stellte der WTO-Beitritt Chinas im Jahr 2001 dar. Jedoch wird der RMB von zahlreichen Interventionen wie den vorgeschriebenen Limits bei Kapitalabflüssen und der Überprüfung aller Kapitaltransaktionen, seitens der chinesischen Regierung kontrolliert. Ein bedeutender Schritt, um den RMB auf internationalen Finanzmärkten mehr Vertrauen schenken zu können, wäre eine Entkopplung des Marktes von Staatsvorgaben.

(2) Der nächste Prozess in Richtung Internationalisierung wäre die Regionalisierung des RMB. Dies würde dazu führen, dass die an China angrenzenden Staaten den RMB als internationale Währung akzeptieren, sowie bestenfalls sogar als Reservewährung einführen würden. Um dieses Ziel zu erreichen hätte China zwei Optionen zur Auswahl: durch eine Expansion des Handels mit den umliegenden Staaten oder durch die Akzeptanz des RMB als einheitliche Regionalwährung.

(3) Die letzte Etappe, um das Ziel der Internationalisierung des RMB zu erreichen, stellt die Globalisierung der Währung dar. Dies könnte durch Emissionen von in RMB denominierten Staats- und Unternehmensanleihen auf globalen Finanzmärkten erfolgen.[32]

Der Volksrepublik China würden durch die Liberalisierung des RMB einige Vorteile entstehen. Diese wären die Eliminierung des Wechselkursrisikos, die Schaffung kompetitiver Wettbewerbsvorteile für inländische Finanzinstitutionen sowie der Ausgabe von Staatsanleihen in RMB. Zusätzlich würde Chinas politische Stellung in der Weltwirtschaft gestärkt werden und man hätte mehr Einfluss in währungspolitischen Debatten.[33] Zudem hätte die Internationalisierung des RMB auch positive Effekte auf die gesamte globale Wirtschaft, denn zum jetzigen Zeitpunkt ist der USD die weltweit führende Reservewährung und dieser würde ohne Chinas angestrebte Währungspolitik diese Vormachtstellung behalten. Mittelfristig hat Chinas Währungspolitik zu Folge, dass der EUR und der RMB als internationale Reservewährung an Bedeutung gewinnen werden und daher Alternativen zum USD darstellen. Dies

---

[32] Für weitere Ausführungen zur Globalisierung des Renminbi sei der Leser auf Kapitel 2.2.5 verwiesen
[33] vgl. Park/ Song (2011) S. 44
[34] vgl. Eichengreen (2011) S. 7f
[35] vgl. Park/ Song (2011) S. 44

wird vor allem von den Zentralbanken als positiv gewertet, da diese ein breiter diversifiziertes Währungsportfolio bevorzugen.[34]

Einige Publikationen diverser Wirtschaftsjournalisten legten dar, dass der Hintergrund der Internationalisierungsstrategie Chinas lediglich aus dem Vertrauensverlust in den USD resultiere. Gemäß deren Veröffentlichungen war das rapide ansteigende Devisen-Exposure in deren Handelsbilanz ausschlaggebend, um diese Liberalisierungsschritte voranzutreiben. Dieses ansteigende Exposure ergibt sich aus der Kombination von Chinas Leistungsbilanzüberschuss, sowie des fehlenden Internationalisierungsgrades des RMB.[35]

Da der RMB nach wie vor noch zwischen 30 und 40% unterbewertet ist und China versucht, diesen Aufwertungsprozess der Volkswährung in die Länge zu ziehen, muss sich China auf erbitterte Streitfragen bezüglich seiner Wechselkurspolitik einstellen. Auf lange Sicht wird die Internationalisierungsstrategie Chinas zu einer Liberalisierung des RMB sowie dessen Akzeptanz auf globalen Finanzmärkten führen. Wenn dieser Prozess von Seiten der chinesischen Regierung eingehalten wird, hätte dies einen vollkommen frei konvertierbaren RMB zu Folge.[36]

Im August 2012 betonte Chinas Regierung, den Internationalisierungsprozess des RMB weiter forcieren zu wollen, indem sie den Währungshandel auf eigenem Boden erproben. In der Großstadt Shenzhen soll mittelfristig eine Sonderfinanzzone entstehen, in der der RMB bis zu einem festgelegten Volumen frei konvertierbar sein wird. Die chinesische Regierung verspricht sich durch dieses Experiment, den freien Handel des RMB innerhalb Chinas Kapitalmarktes erforschen zu können. Die geografische Lage Shenzhens spielt in Chinas Währungspolitik eine zentrale Rolle, da diese Stadt direkt an Hongkong angrenzt und geplant ist, zwischen diesen beiden Territorien eine Zone zu erschaffen, in welcher Finanzprodukte leichter handelbar sein sollen („Qianhai Shenzhen-Hong Kong Modern Service Industry Cooperation Zone").[37]

2.2.3 Renminbi Trade Settlement Scheme (RTSS)

2.2.3.1 Entwicklung des Renminbi Trade Settlement Scheme

Die nachfolgende Tabelle 1 gibt einen Überblick über die zeitliche Entwicklung des „Renminbi Trade Settlement Scheme" und veranschaulicht die wichtigsten Eckpunkte seit dessen Einführung.

---

[36] vgl. Park/ Song (2011) S. 67
[37] vgl. Handelsblatt (2012)

Tabelle 1: Meilensteine des RTSS

April 2009	Mitte 2009	Juli 2010	August 2011	März 2012
Pilotprojekt startet mit Hongkong, Macau und ASEAN-Staaten mit ausgewählten chinesischen Unternehmen.	RTSS wird vereinbart und gestartet.	Programm wird auf 20 Städte bzw. Provinzen in China ausgeweitet, Finanzprodukte für RMB werden entwickelt.	RTSS wird auf alle Provinzen Festlandchinas ausgeweitet.	Aufhebung der MDE-Registrierung für chinesische Exportunternehmen unter dem RTSS.

Quelle: Commerzbank (2012)

Bevor dieses Projekt eingeführt wurde, waren ausländische Unternehmen nicht berechtigt, den RMB grenzüberschreitend aus und nach Festlandchina zu transferieren und mussten ihre Handelsgeschäfte mit internationalen Partnern in USD abwickeln. Um dieses Problem zu beheben, führte die chinesische Zentralbank im Jahr 2009 das Pilotprogramm „Renminbi Trade Settlement Scheme" ein, welches eine Fakturierung internationaler Handelsgeschäfte in RMB unter bestimmten Umständen erlaubte. Zum Zeitpunkt der Einführung dieses Projektes beschränkte sich der Anwendungsbereich auf fünf Pilotstädte in China (Shanghai, Shenzhen, Guangzhou, Zhuhai und Dongguan) und Unternehmen in Hongkong, Macau und den ASEAN-Staaten. Selbst wenn sich ein Unternehmen in einer dieser fünf Städte niedergelassen hatte, bedeutete dies nicht automatisch eine Zulassung zur Abwicklung von internationalen Handelstransaktionen in RMB. Denn die Unternehmen mussten sich zusätzlich als „Mainland Designated Enterprise" (MDE) registrieren, wobei dies ebenso mit zahlreichen Restriktionen bzw. Barrieren verbunden war. Aufgrund dieser strengen Auflagen seitens der chinesischen Regierung wurde das Pilotprogramm innerhalb eines Jahres nur sehr selten von chinesischen wie auch ausländischen Unternehmen in Anspruch genommen. Lediglich 0,40% von Chinas grenzüberschreitenden Handelstransaktionen wurden in RMB abgewickelt und bloß 365 chinesische Unternehmen ließen sich als MDE registrieren.[38]

Um den Internationalisierungsprozess des RMB zu beschleunigen, erweiterte man im Juli 2010 das Pilotprogramm auf 20 chinesische Städte und erlaubte zudem ausländischen Unternehmungen weltweit, ihre Handelstransaktionen mit China in RMB abwickeln zu können, anstatt lediglich Marktteilnehmern aus Hongkong und den ASEAN-Staaten diese

---

[38] vgl. Lambrecht (2011)

Möglichkeit zu bieten. Die Unternehmen, die ihren Sitz in einer der 20 auserwählten Städte hatten, kamen auf 95% der im Außenhandel tätigen chinesischen Unternehmen. Nach Erweiterung des Pilotprogrammes im Jahr 2010 stieg die Anzahl der MDEs auf über 70.000 Unternehmen. Im März 2010 betrug das Handelsvolumen 500 Mrd. Yuan, was einem Anteil von ungefähr 2% des gesamten Handels der Volksrepublik China entsprach. Im darauffolgenden März 2011 betrug dieses mittlerweile 7%. An dieser Zahl wird ersichtlich, dass chinesische Unternehmen verstärkt daran Interesse zeigen, ihre Handelsgeschäfte in RMB abzuwickeln und das somit verbundene Währungsrisiko auf ihre ausländischen Handelspartner abwälzen können.[39]

Da sich der RMB zwar mittlerweile als internationale Handelswährung etabliert hat, jedoch weiterhin vor Spekulationsgeschäften geschützt werden soll, müssen die ausländischen Handelspartner nachweisen können, dass eine entsprechende RMB Handelstransaktion in bestimmter Höhe zugrunde liegt. Durch diese Regelung sind bei jeder RMB-Transaktion Dokumente, wie die Handelsrechnung und Transportdokumente, vorzuweisen.[40]

Zudem wurde im August 2010 von der chinesischen Zentralbank bekannt gegeben, dass die chinesische Regierung Chinas Finanzmarkt kontinuierlich, jedoch mit Restriktionen verbunden, liberalisieren bzw. öffnen möchte. Dieses Programm bedeutete, dass die chinesische Zentralbank, sowie Offshore-Banken in Hongkong, die am RTSS-Projekt teilnahmen, berechtigt waren, ihr in RMB erwirtschaftetes Geld auf Festlandchinas Interbanken-Anleihenmarkt zu investieren. Zusätzlich erlaubte man, dass Zentralbanken und geldpolitische Institutionen außerhalb Festlandchinas ebenso in diesen Interbanken Anleihenmarkt investieren durften. Dies führte dazu, dass diese Offshore-RMB-Geldmittel in weitere zusätzlich angebotene RMB-Anlagen angelegt werden konnten. Zudem war es erlaubt, diese Offshore-Gelder wieder zurück an den Onshore-Markt für festverzinsliche Wertpapiere in China zu führen. Aus diesen Erweiterungsmaßnahmen des RTSS wird ersichtlich, dass dem Finanzplatz Hongkong eine bedeutende Rolle in Richtung Internationalisierung beigemessen wird.[41]

Seit dem Jahr 2011 ist es allen Unternehmen mit Sitz in Festlandchina erlaubt, ihre Importe und Exporte in RMB abzuwickeln. Zudem kam im März 2012 hinzu, dass die Anmeldung als MDE nicht mehr notwendig ist, um grenzüberschreitende Handelstransaktionen durchführen zu können.[42]

---

[39] vgl. Koll (2011)

Jedoch bestehen auch Zweifel, ob das RTSS das geeignete Programm für eine Internationalisierung des RMB ist. Denn mit der zunehmenden Aufwertung der Volkswährung und der vermehrten Abrechnung in RMB wird der USD bei Importen an Bedeutung verlieren. Dadurch, dass das Fakturierungsvolumen des USD bei Importen wesentlich höher ist als bei Exporten, werden Chinas USD-Reserven automatisch immer größer und die chinesische Regierung kommt von ihrem ursprünglichen Plan der „USD-Reserven-Reduzierung" ab. Zusammenfassend kann gesagt werden, dass durch die Einführung des RTSS der RMB zwar für Zahlungen für Waren und Dienstleistungen freigegeben wurde, jedoch nach wie vor nicht frei konvertierbar ist, sich nunmehr aber mit Auflagen verbunden ins Ausland transferieren lässt.[43]

2.2.3.2 Ablauf von RTSS-Transaktionen

Da der Ablauf einer RTSS-Handelstransaktion in RMB, je nachdem, ob es sich um einen Exporteur oder Importeur handelt, unterschiedlich ausfällt, bedarf es einer kurzen Erklärung beider Prozesse am Beispiel Hongkong.

Die nachfolgende Abbildung 2 stellt die Vorgehensweise eines in RMB fakturierenden Exporteurs dar. Die im Anschluss daran folgende Abbildung 3 zeigt denselben Prozess, nur aus Sicht eines ausländischen Importeurs.

Abbildung 2: RTSS-Transaktion Exporteur

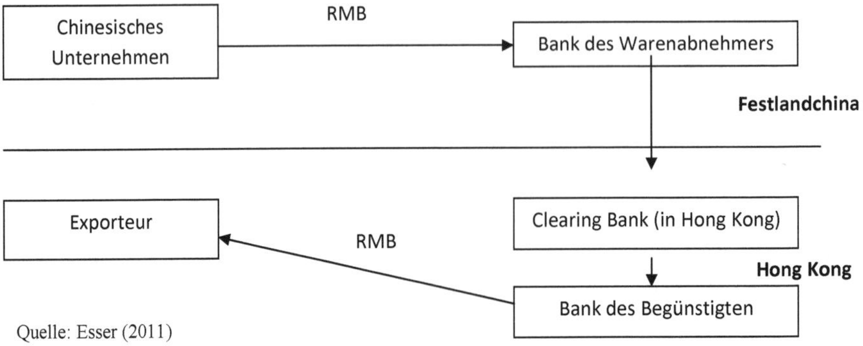

Chinesisches Unternehmen → RMB → Bank des Warenabnehmers

Festlandchina

Exporteur ← RMB ← Clearing Bank (in Hong Kong) → Bank des Begünstigten

Hong Kong

Quelle: Esser (2011)

---

[40] vgl. Park/ Song (2011) S. 44
[41] vgl. Park/ Song (2011) S. 46
[42] vgl. Naumer et al (2012) S. 5
[43] vgl. Qingping/ Xiao (2012)

Aus Sicht eines ausländischen Unternehmens, das nach Festlandchina exportiert, kann dieser Exporteur seinen Zahlungseingang von seinem chinesischen Handelspartner durch eine Bank in Hongkong erhalten. Diese bei der Bank in Hongkong eingelangten Erlöse können wiederum in andere RMB-Finanzprodukte investiert oder in andere Währungen umgetauscht werden.

Abbildung 3: RTSS-Transaktion Importeur

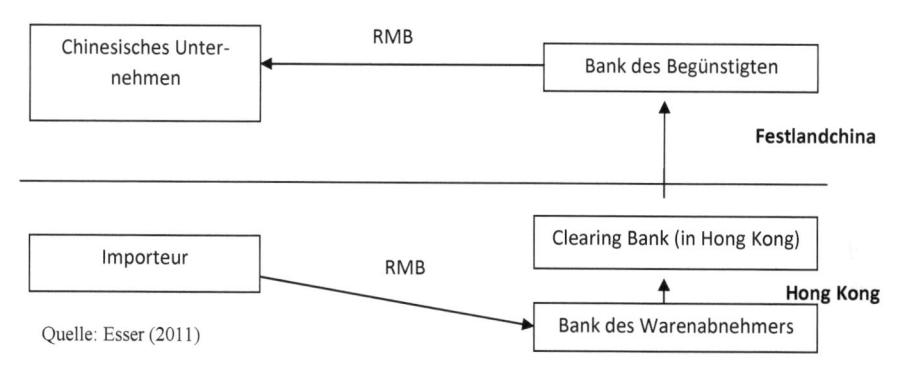

```
Chinesisches Unter-    ←── RMB ──    Bank des Begünstigten
nehmen                                      ↑
                                       Festlandchina
─────────────────────────────────────────────────────
                              Clearing Bank (in Hong Kong)
Importeur      ── RMB ──→                ↑
                              Bank des Warenabnehmers
                                       Hong Kong
```
Quelle: Esser (2011)

Bei einem Importeur, welcher Güter von einem in Festlandchina ansässigen Unternehmen beschafft, müssen seine Zahlungen an dieses chinesische Unternehmen durch eine Bank in Hongkong geleistet werden. Der Importeur kann den RMB entweder selbst bei einer Finanzinstitution in Hongkong erwerben (gegen USD oder Euro) oder auch von dieser ausleihen und zu einem späteren Zeitpunkt zurückzahlen.[44]

2.2.4 Fester vs. frei konvertierbarer Wechselkurs in Bezug auf China

2.2.4.1 Argumente für ein festes Wechselkurssystem

China vertraute dem festen Wechselkurssystem über 50 Jahre, da sich die Volksrepublik nicht den Kräften des Marktes aussetzen wollte und dadurch den Kurs des RMB gegenüber dem USD selbst festlegen konnte. Als die chinesische Zentralbank im Jahr 1983 zur Zentralbank ernannt wurde, kündigte sie an, die Stabilität des Preisniveaus aufrechterhalten zu wollen und dadurch das Wirtschaftswachstum anzukurbeln. Primär wollte man die Preisniveaustabilität aufrechterhalten, da nur mit diesem Schritt ein langfristiges Wirtschaftswachstum gewährleistet werden konnte. Um diesem Vorhaben gerecht zu werden, koppelte China den RMB an den damals sehr preisstabilen USD.[45] Der Hauptgrund der Koppelung des RMB an den USD lag

---
[44] vgl. Hong Kong Monetary Authority (2012a) S. 4
[45] vgl. Nowaczyk (2010) S. 10f in Xuan (2008) S. 46ff

an der Gewährleistung der Preisstabilität für die chinesischen Exporteure gegenüber ihrem bedeutendsten Exportmarkt USA. In den letzten Jahren kam dies der chinesischen Exportindustrie besonders zugute, da der USD gegenüber anderen führenden Währungen (speziell im Vergleich zum Euro) abwertete und dadurch zur führenden Exportnation avancierte. Da jedoch die daraus resultierte Abwertung des RMB Chinas Importe verteuerte, stieg auch das Preisniveau und somit kam es zu einer immer höher ansteigenden Inflation.[46]

Zudem bewirkte die Ankoppelung an den USD, dass Chinas Zahlungsbilanzüberschuss stetig zunahm und im Jahr 2012 3,20%, gemessen am Bruttoinlandsprodukt, erreichte. Dieser hohe Zahlungsbilanzüberschuss führte dazu, dass China riesige Währungsreserven in USD anhäufte. Innerhalb eines Jahres, von 2010 bis 2011, stiegen diese von 2,90 Billionen USD auf 3,50 Billionen USD an.[47]

Ein weiterer Grund, weshalb sich China für ein festes Wechselkurssystem entschied, war die Vermeidung bzw. Reduzierung von Spekulationsgeschäften. Dadurch konnte verhindert werden, dass inländische Unternehmen von Kursschwankungen am Devisenmarkt profitieren und sich somit mehr auf die reale Wirtschaft fokussieren konnten.[48]

Des Weiteren argumentieren Ökonomen, dass das chinesische Finanzsystem noch nicht bereit sei, eine vollkommene Liberalisierung des RMB verkraften zu können. Dies leiten sie daraus ab, dass China zwar einerseits ein Wirtschaftsland, aber vor allem noch immer ein Entwicklungsland ist und seine systembedingten Schwächen des Finanzmarktes nicht einfach durch geldpolitische Instrumente ausgebaut werden können.[49]

2.2.4.2 Argumente für ein flexibles Wechselkurssystem
Wenn die von der chinesischen Regierung angekündigte Währungsliberalisierung tatsächlich eintrifft, könnte die chinesische Zentralbank die Geldpolitik des Landes vollkommen autonom steuern. Dies ergibt sich daraus, dass die chinesischen Währungshüter nicht mehr in den Devisenmarkt intervenieren müssten, da die Geldpolitik keinen Einfluss auf die Wechselkurse hat. Hinzukommen würde, dass sich Chinas Zahlungsbilanz kontinuierlich ausgleichen würde und dadurch auch das Risiko einer möglichen Importinflation geringer wäre.[50]

Das Problem der festen Wechselkurspolitik Chinas spiegelt sich in der Tatsache wider, dass der RMB stark unterbewertet ist und dadurch die Entwicklung der Währung in keiner Relati-

---
[46] vgl. Schimm (2012) S. 5
[47] vgl. World Bank (2012) S. 427

on zu der tatsächlichen makroökonomischen Entwicklung der Volksrepublik steht. Das Verhältnis würde sich durch eine Flexibilisierung des RMB ausgleichen, durch die es zu einer stärkeren Aufwertung kommen würde.[51]

Zudem könnte die feste Bindung an den USD zu Spekulationsblasen führen und damit die gesamte globale Wirtschaft gefährden. Denn ohne eine Aufwertung des RMB können Investoren von Arbitragegeschäften günstig Geld in den USA leihen und in der chinesischen Volksrepublik zu besseren Konditionen anlegen. Dies hätte wiederum eine ansteigende Geldmenge zu Folge, die jedoch einer gleichbleibenden Menge an Gütern in China gegenüberstehen würde. China würde somit eine steigende Inflation drohen.[52]

Langfristig, aber vor allem in Zeiten von globalen Wirtschaftskrisen, könnte eine Flexibilisierung des RMB dazu führen, dass die eigene Währung als Stabilisator der eigenen Wirtschaft dient und somit nicht von anderen wirtschaftsgeplagten Staaten abhängig wäre.

Auch wenn die chinesische Regierung sehr zaghaft an den Aufwertungsprozess des RMB herangeht, um den internationalen Handel bzw. ihre Exportzahlen aufrechterhalten zu können, sind sich Währungsexperten einig, dass die Auswirkungen auf den Handel nicht so dramatisch sein werden wie von China erwartet wird.[53]

Selbst wenn die angekündigte Währungsliberalisierung planmäßig vonstattengeht, impliziert diese nicht automatisch eine sofortige Anpassung der Leistungsbilanz, sondern bedeutet vielmehr einen mittelfristig angleichenden Prozess, der sich über Jahre ziehen wird. Denn um den Leistungsbilanzüberschuss abbauen zu können, muss sich der RMB zuerst einmal angleichen bzw. aufwerten und sich im Gleichgewicht befinden. Das Ergebnis dieses Prozesses würde sich in einer Erhöhung des chinesischen Lebensstandards, einem Anstieg der volkswirtschaftlichen Stabilität sowie in einen Rückgang des globalen Ungleichgewichtes widerspiegeln.[54]

2.2.5 RMB als potenzielle zukünftige Weltwährung

Wenn man die aktuelle Entwicklung der chinesischen Volkswirtschaft und die kontinuierliche Öffnung des RMB betrachtet wird ersichtlich, dass es einige Parallelen zum damaligen

---

[48] vgl. Nowaczyk (2010) S. 12 in Klenner (2006) S. 105
[49] vgl. Kopitzki (2010) S. 16 in Schoettli (2007) S. 154ff
[50] vgl. Nowaczyk (2010) S. 4 in Dieckheuer (2001) S. 255ff
[51] vgl. Kopitzki (2010) S. 11 in Blanchard/Illing (2009) S. 643ff
[52] vgl. Kopitzki (2010) S. 13 in Eckert (2010) S. 177ff

Aufstieg des USD zur Weltwährung gibt. Zu Zeiten des Bretton-Woods-Abkommen, als der USD zur globalen Weltreservewährung aufstieg, verzeichneten die Vereinigten Staaten ebenso wie es zurzeit bei China der Fall ist, neben einem hohen Leistungsbilanzüberschuss auch ein geringes Haushaltsdefizit. Zudem waren die USA weltweit führender Exporteur und man hatte eine geringe Verschuldungsquote.[55]

Chinas Wirtschaft verbuchte in den letzten drei Jahrzehnten einen Wachstumsanstieg (gemessen am Bruttoinlandsprodukt) von 2.500% und ist somit die weltweit am schnellsten wachsende Volkswirtschaft. In den vergangenen zwei Jahren verzeichnete China ein durchschnittliches Wachstum von 10%. Hierbei muss allerdings angemerkt werden, dass der BIP-Anstieg kontinuierlich zurückgeht, denn im Jahr 2010 betrug dieser noch 10,4%, 2011 verbuchte man ein Plus von 9,20% und im Jahr 2012 wird ein Zuwachs von 7,50% prognostiziert. Diese Abflachung des BIP-Wachstums resultiert vor allem aus den stetig ansteigenden Löhnen, die aktuell noch Chinas wichtigsten Wettbewerbsvorteil gegenüber anderen Industrienationen darstellen.[56] Jedoch gibt es einige Kritiker, die behaupten, dass China willkürlich diese Zahlen publiziert habe, um den Aufwertungsdruck des RMB etwas abflachen zu können. Diese schätzen, dass sich das tatsächliche BIP-Wachstum um bis zu 13% über dem angekündigten Niveau befinde.[57]

Wenn man von den veröffentlichten Wachstumszahlen ausgeht, könnte China ab dem Jahr 2030 als weltweit größte Volkswirtschaft rangieren und somit die Vereinigten Staaten beerben. Um diesem Ziel gerecht zu werden, muss sich Chinas Präsenz an globalen Finanzmärkten massiv steigern, da der Entwicklungsgrad des chinesischen Finanzsystems zum jetzigen Zeitpunkt noch niedrig ist. Des Weiteren müssten die vorhandenen Kapitalkontrollen beseitigt werden, um einen liquideren und umfangreicheren Kapitalmarkt gewährleisten zu können. Denn wenn China in Zukunft eine internationale und autarke Währung haben möchte, muss die Regierung auf die altbewährten protektionistischen Strategien verzichten und neue Wege einschlagen.[58]

Jedoch ist die mangelnde Kapitalmarktöffnung Chinas nicht das einzige Problem, das noch behoben werden muss. Denn auch wenn die Volksrepublik noch als lukrativer Investitionsstandort für ausländische Unternehmungen gilt, verliert dieser kontinuierlich an Attraktivität. Der Auslöser hierfür begründet sich zum Teil aus den in den vergangenen Monaten angekün-

---

[53] vgl. Rogoff (2012)
[54] vgl. World Bank (2012) S. 428
[55] vgl. Naumer et al (2012) S. 1ff
[56] vgl. Eckert (2012) S. 110f

digten Abwanderungen multinationaler Konzerne (Samsung, Philips), die mit Chinas Wirtschaftsstrukturen alles andere als zufrieden sind. Diese klagen vor allem über Chinas Bildungssystem sowie über die technische Infrastruktur. Doch die Kritik internationaler Konzerne könnte durchaus positive Effekte auf den RMB haben, indem sich die chinesische Regierung nicht wie in der Vergangenheit auf die Anwerbung ausländischer Produktionsunternehmen konzentriert, sondern vielmehr Maßnahmen ergreift, um internationale Dienstleistungsunternehmen anzulocken. Hiervon könnten vor allem ausländische Großbanken profitieren, da noch sehr viel Potenzial auf dem chinesischen Bankensektor besteht.[59]

Chinas Aufstieg zur weltweit führenden Wirtschaftsnation und die logische Konsequenz daraus, den USD als Weltleitwährung abzulösen, ist ein kontinuierlicher Prozess von Chinas Geldpolitik. Denn der USD steht bereits unter beträchtlichem Einfluss der chinesischen Zentralbank. Der Grund hierfür liegt in den immens hohen USD-Devisenreservebeständen der chinesischen Zentralbank, die sich zu Beginn des Jahres 2012 auf über 3,20 Billionen USD beliefen. Somit ist China das Land mit den weltweit höchsten Währungsreserven. Dieser hohe Bestand resultiert hauptsächlich aus dem künstlich niedrig gehaltenen Wechselkurs des RMB gegenüber dem USD und den daraus ansteigenden Exportgeschäften Chinas. Denn wenn ein chinesisches Unternehmen seine Waren in die Vereinigten Staaten exportiert oder seine Handelsgeschäfte in anderen Staaten in USD fakturiert, dann kann dieses seine erwirtschafteten Erlöse bei der chinesischen Zentralbank gegen RMB wechseln. Zusätzlich kauft die chinesische Regierung immens hohe USD-Bestände, zum größten Teil in Form von US-Staatsanleihen, um diesen niedrigen Wechselkurs für chinesische Exportunternehmen aufrechterhalten zu können. Dieser hohe USD-Bestand war auch der Auslöser für den ansteigenden internationalen Druck, die enge Ankoppelung an den USD aufzugeben und den RMB aufzuwerten. Doch wenn man sich in die Lage der chinesischen Regierung versetzt, wird ersichtlich, warum diese den Aufwertungsprozess des RMB so lange wie möglich hinauszögern möchte. Denn wenn der Wechselkurs des RMB gegenüber dem USD ansteigt, kommt es zu beträchtlichen Wertverlusten ihrer Dollarreserven.[60]

Allgemein sind sich Währungsexperten sicher, dass der Aufstieg des RMB zur Weltwährung nur noch eine Frage der Zeit ist und er diese Stellung zwischen den Jahren 2025 und 2040 innehaben wird. Manche Ökonomen gehen sogar noch weiter und prognostizieren, dass die Chinesische Volksrepublik ab dem Jahr 2040 die alles beherrschende Volkswirtschaft der

---

[57] vgl. Kopitzki (2010) S. 5 in Subsielle (2007) S. 73ff
[58] vgl. World Bank (2012) S. 392
[59] vgl. Eckert (2012) S. 136f

Welt, mit einem Bruttoinlandsprodukt von 123 Billionen USD, sein wird. Dies würde bedeuten, dass das BIP Chinas 2040 neunmal größer als das der Vereinigten Staaten (2011: 15,09 Billionen USD) und dreimal so hoch wie das weltweite BIP von 2011 sein könnte. Zu diesem Zeitpunkt würde sich Chinas durchschnittliches Pro-Kopf-Einkommen auf USD 85.000 belaufen und somit um 100% über dem der Europäer liegen.[61]

Wenn dieses langfristige Ziel allerdings im Jahr 2030 erreicht werden möchte, muss sich Chinas Regierung mehr mit globalen Angelegenheiten befassen und sich nicht nur auf das eigene Wirtschaftswachstum konzentrieren. Denn wenn man den RMB als global führende Währung etablieren will, muss die Wettbewerbsfähigkeit der gesamten Wirtschafts- und Finanzbranche verbessert bzw. die Märkte internationaler ausgerichtet werden. Genauer gesagt müsste China vor allem seinen Finanz- und Kapitalmarkt weiterentwickeln bzw. für die Außenwelt öffnen, sowie die Rahmenbedingungen des Dienstleistungssektors internationaler gestalten.[62]

2.2.6 Zwischenresümee

Der Yuan wurde im Jahr 1948 von der derzeitigen Landeswährung Chinas, dem Renminbi (RMB) abgelöst, um dem streng kommunistisch geführten Staat eine einheitliche Landeswährung zu geben. Um Chinas jahrzehntelang andauernde Inflation in den Griff zu bekommen, entschloss sich Chinas Regierung im Jahr 1993, den Wechselkurs des RMB an den USD zu koppeln. Seither wird der chinesischen Regierung regelmäßig vorgeworfen, dass sie den RMB künstlich unterbewertet lasse, um die Exporte aufrechterhalten zu können. Doch die chinesische Regierung musste sich dem Druck international mächtiger Staaten beugen und kündigte im Juli 2010 an, den RMB in Zukunft flexibilisieren zu wollen. Seit der Ankündigung darf sich der RMB täglich innerhalb einer Bandbreite von +/-1% zum USD bewegen. Ein Meilenstein der RMB-Geschichte war die Einführung des „Renminbi Trade Settlement Scheme", welches seit dem Jahr 2009 nicht-chinesischen Unternehmen die Möglichkeit gibt, grenzüberschreitende China-Geschäfte in RMB zu fakturieren. Die Folgen einer tatsächlichen vollkommenen Währungsflexibilisierung würden sich im Falle Chinas als Wachstumsmotor der eigenen Wirtschaft erweisen und dadurch den bisher exportorientierten Staat zu einer konsumgetriebenen Gesellschaft manövrieren. Zum jetzigen Zeitpunkt geht man davon aus, dass die Volksrepublik China, trotz des rückläufigen Wirtschaftswachstums, zwischen den

---
[60] vgl. Eckert (2012) S. 117ff
[61] vgl. Eckert (2012) S. 111f
[62] vgl. World Bank (2012) S. 409

Jahren 2025 und 2040 die weltweit größte Volkswirtschaft darstellen wird, vorausgesetzt man schafft die Kapitalverkehrskontrollen ab und beschränkt sich auf ein Minimum an Staatsinterventionen.

3 Offshore-Markt Hongkong

Dem Finanzplatz Hongkong wird eine besonders bedeutende Rolle in Hinblick auf die Liberalisierung des RMB beigemessen, da sich vor Ort ein „RMB Offshore-Zentrum" etabliert hat. Dieser RMB-Handelsplatz außerhalb Festlandchinas dient als eine Art Experiment für die chinesische Regierung, um die zukünftig angedachte vollkommene Liberalisierung des RMB besser abschätzen bzw. erproben zu können (ohne die eigenen Kapitalkontrollen aufgeben zu müssen).[63] Zudem besitzt die chinesische Regierung das Recht, jederzeit in die Entwicklung sowie in das Wachstum des Offshore-Marktes eingreifen zu können.[64] Durch den in Hongkong frei gehandelten Offshore-RMB (CNH) haben österreichische Unternehmen die Möglichkeit, ihre RMB-Handelstransaktionen über Hongkong in CNH zu tätigen, sowie deren erwirtschaftete RMB-Erlöse frei ins Ausland oder nach Festlandchina zu transferieren. Der große Unterschied zwischen dem Onshore- (CNY) und dem Offshore-Markt ist, dass beide zu differenzierten Kursen gehandelt werden.[65]

Die folgende Abbildung 4 illustriert den freien Zahlungsverkehr von grenzüberschreitend tätigen Unternehmen über den Finanzplatz Hong Kong.

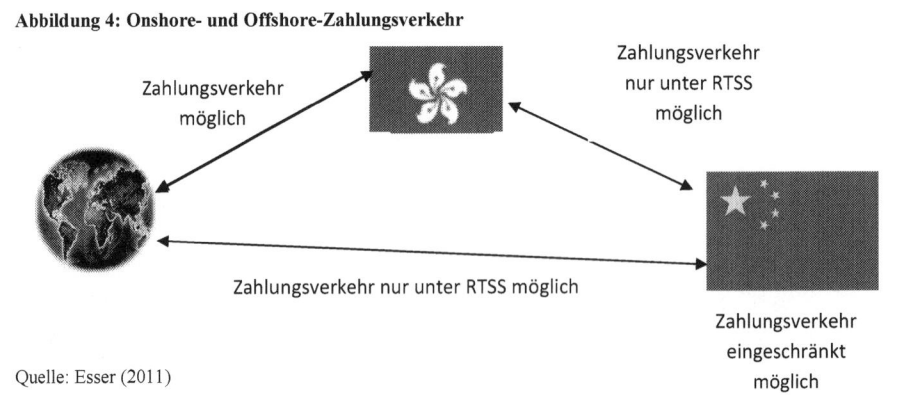

Abbildung 4: Onshore- und Offshore-Zahlungsverkehr

Quelle: Esser (2011)

Wie schon in Kapitel 2.2.5 beschrieben, ist Chinas Regierung bestrebt, den RMB in ungefähr zwei Jahrzehnten, ab dem Jahr 2030 als Weltreservewährung etablieren zu können. Das größte Hindernis in diesem Zusammenhang stellt die eingeschränkte Konvertibilität des RMB außerhalb Festlandchinas dar. Um diesem Ziel schrittweise näher zu kommen, muss der RMB einerseits stärker als Abrechnungswährung von ausländischen Unternehmungen akzeptiert werden und andererseits vollständig in andere Währungen konvertierbar sein können. In

---
[63] vgl. Commerzbank (2011)
[64] vgl. Chen/ Cheung (2011) S.12
[65] vgl. Lambrecht (2011)

Hinblick auf die genannten Ziele misst die chinesische Regierung dem Offshore-Markt Hongkong einen besonders hohen Stellenwert bei, da sich dieser als Hauptumschlagsplatz bzw. Handelsplattform für Kapitalerhöhungen und Finanztransaktionen etabliert hat. Hinzu kommt, dass die meisten nach China hereinkommenden ausländischen Direktinvestitionen über den Finanzplatz Hongkong abgewickelt werden und dieser daher in Zukunft für ausländische Unternehmen unabdingbar sein wird.[66]

Durch den Internationalisierungsprozess des RMB ergeben sich vielfältige neue Absicherungs- und Geschäftsmöglichkeiten für ausländische Unternehmen am Finanzplatz Hongkong, die sich in naher Zukunft auf insgesamt mehrere Billionen USD belaufen werden. So betrugen die durch Hongkong gehenden grenzüberschreitenden RMB-Zahlungen im Februar 2011 bereits mehr als 95 Milliarden Yuan pro Monat. Davon profitieren nicht nur die Sonderverwaltungszone Hongkong und ausländische Investoren, sondern vor allem auch die chinesische Volksrepublik. Denn durch den Anstieg des CNH-Volumens in Hongkong reduzieren sich gleichzeitig auch die USD-Reserven und damit einhergehend auch Chinas internationaler Aufwertungsdruck des RMB. Daraus wird ersichtlich, dass der Offshore-Markt Hongkong einen wichtigen Beitrag leistet, um Chinas RMB-Internationalisierungsvorhaben zu unterstützen.[67]

3.1 Entwicklung des Offshore-Marktes Hongkong

Der Sonderverwaltungszone Hongkong bzw. den dort ansässigen Finanzinstitutionen war es erstmals im Jahr 2004 erlaubt, kleinere RMB-Services durchzuführen, da die eigentliche offizielle Währung vor Ort der Hongkong-Dollar ist. Diese in RMB durchgeführten Geschäfte bestanden hauptsächlich aus kleinen Privatkundengeschäften wie Devisenumtauschgeschäften, konventionellen Überweisungen, Kreditkartentransaktionen sowie Scheckabwicklungen. Seit dem Jahr 2007 war es Banken von Festlandchina erstmals erlaubt, Anleihen in Hongkong auszugeben, die durch die im Gegensatz zu Festlandchina viel liberaleren Finanzgesetze großen Anklang bei ausländischen Unternehmen und Investoren fanden. Zudem war Hongkong das erste Gebiet außerhalb Festlandchinas, dem es erlaubt war, RMB-Finanzprodukte wie Derivate, Einlagenzertifikate und Anleihen für ausländische Unternehmen sowie Investoren anzubieten.[68] Im September 2009 wurde erstmals eine in RMB denominierte Staatsanleihe

---

[66] vgl. Fung/ Yau (2012) S. 108
[67] vgl. Wo (2011)
[68] vgl. Hong Kong Monetary Authority (2012b)

mit einem Volumen von 6 Milliarden Yuan emittiert. Von ebenso großer Bedeutung für die Sonderverwaltungszone Hongkong war ein im Jahr 2010 eingeführtes Pilotprogramm mit dem Namen „Renminbi Real Time Gross Settlement System", das der chinesischen Zentralbank sowie anderen ansässigen Offshore-Finanzinstituten erlaubte, ihre Geldeinlagen in RMB wieder zurück in den Interbanken-Anleihenmarkt in Festlandchina zu investieren. Durch diese getätigten Maßnahmen stiegen die in Hongkong einbezahlten Einlagen von 63 Milliarden Yuan im Jahr 2009 auf 315 Milliarden Yuan im Jahr 2010 an.[69]

Im Juli 2010 wurde, das bisher für den Offshore-Markt Hongkong bedeutendste Abkommen zwischen der chinesischen Zentralbank und der Hong Kong Monetary Authority (HKMA) unter dem Namen „Memorandum of Cooperation on Renminbi Business" abgeschlossen. Dieser Vertrag gewährt der Sonderverwaltungszone Hongkong das Recht, RMB-Transaktionen außerhalb Festlandchinas abwickeln zu können. Zudem ermöglicht dieser Vertrag, dass Finanzinstitutionen in Hongkong zu den bisherig angebotenen „Non-deliverable Forwards" nun auch zusätzlich Derivate anbieten dürfen.[70] [71]

Im Jahr 2011 wurden zahlreiche politische Initiativen ergriffen, um die Entwicklung des CNH zu forcieren. So wurden einerseits neue Aufsichtsregulierungen für die HKMA geschaffen und andererseits auch präzisere Verrechnungsabkommen mit Festlandchina über den RMB bzw. CNH vereinbart.[72] Zusätzlich wurden weitere Maßnahmen wie die geographische Ausweitung des RTSS auf das gesamte Festlandchina, zusätzliche behördliche Regelungen über ausländische Direktinvestitionen nach Festlandchina sowie die Einführung des „Renminbi Qualified Foreign Institutional Investors Scheme" getätigt, um die Stellung von Hongkong als Offshore-RMB-Zentrum zu festigen.[73]

3.2 Ausländische Direktinvestitionen über Hongkong

In den letzten 30 Jahren, ab dem Zeitpunkt, als sich Chinas Wirtschaft auch für andere Staaten öffnete, stiegen die ausländischen Direktinvestitionen von und nach Festlandchina und deren Bedeutung für die chinesische Volksrepublik. Mittlerweile hat sich China zum zweitgrößten Empfängerland von ausländischen Direktinvestitionen entwickelt. Die rasante Entwicklung

---

[69] vgl. Park/ Song (2011) S. 46
[70] vgl. Chen/ Cheung (2011) S.9
[71] Für weitere Ausführungen über die in Hong Kong angebotenen Derivate sei der Leser auf Kapitel 3.6.2 verwiesen
[72] vgl. Hong Kong Monetary Authority (2011) S. 81
[73] vgl. Hong Kong Monetary Authority (2012a) S. 5

resultierte maßgeblich aus den Steueranreizen, die die chinesische Regierung schuf, um ausländische Unternehmen ins eigene Land zu locken. Von den geschaffenen Steuerbegünstigungen profitierten vor allem Unternehmen aus Steueroasenländern, denen es dadurch ermöglich wurde, ihre eigenen Vermögenswerte zwischen ihrem Heimatstaat und der Volksrepublik hin und her zu schieben. Steuerparadiese wie die British Virgin Islands oder die Cayman Islands profitierten von dem sogenannten „round tripping", da sie in den Genuss von Chinas Steuerbegünstigungen kamen und zusätzlich die Freiheit hatten, ihre Gelder weltweit investieren zu dürfen. Chinas Regierung beschloss dies allerdings im Jahr 2008 zu unterbinden, um fairere Wettbewerbsbedingungen für andere ausländische Unternehmen und einheimische Firmen zu schaffen.

Die Sonderverwaltungszone Hongkong ist nunmehr seit der Öffnung von Chinas Wirtschaftspolitik im Jahr 1978 das Land, das die meisten ausländischen Direktinvestitionen in Festlandchina tätigte. Der Anteil der Sonderverwaltungszone Hongkong auf die ausländischen Direktinvestitionen in Festlandchina stieg, gemessen an den gesamten hereinströmenden ausländischen Direktinvestitionen, zwischen den Jahren 2008 und 2011, von 44% auf knapp 65%. Dieser noch immer anhaltende Trend verdeutlicht die Bedeutung Hongkongs für die ausländischen Kapitalflüsse nach Festlandchina.

Auf der anderen Seite ist die chinesische Regierung bestrebt, die Beschränkungen für chinesische Exportunternehmen aufzuheben bzw. zu lockern, um es diesen zu erleichtern, auf ausländischen Märkten Fuß zu fassen. In diesem Zusammenhang steigt wiederum die Bedeutung von Steueroasenländern über das „roundtripping". Denn wenn die Nutznießer der chinesischen Exportpolitik wieder Steueroasenländer sein werden, wird deren Identität verborgen bleiben, indem die von China ausgehenden, im Ausland getätigten Direktinvestitionen wieder zurück in die Volksrepublik fließen werden. Die Sonderverwaltungszone Hongkong hat auch in dieser Kategorie der von Festlandchina ausgehenden ausländischen Direktinvestitionen den ersten Platz mit einem Anteil von knapp 56% inne.

Die seit September 2011 erlaubte Abwicklung von ausländischen Direktinvestitionen in RMB könnte zur Folge haben, dass sich der Spekulationsdruck auf den RMB reduziert und sich zudem auch die Inflationsrate in Festlandchina eindämmen lässt. Dennoch, selbst wenn die Abwicklung von ausländischen Direktinvestitionen in RMB zahlreiche Vorteile nach sich ziehen könnte, wird, solange der Großteil der nach China hereinströmenden ausländischen Direktinvestitionen auch in Zukunft über Hongkong hereinkommen und in RMB getauscht werden, keine (und wenn, nur minimale) Auswirkungen auf Chinas enormen USD-Währungsreserven-Bestand, deren Geldangebot sowie deren Ziel der Inflationsbekämpfung haben. Die Hauptaufgabe des Offshore-Marktes Hongkong besteht darin, als eine Art Pufferzone zu dienen, indem die nach China strömenden ausländischen Direktinvestitionen von Hongkong aus kontrolliert und gesteuert werden.[74]

3.3 Offshore-Währungshandel in RMB

Seit der Einführung des RTSS ist es ausländischen Unternehmen gestattet, ihre Handelsgeschäfte in RMB über den Finanzplatz Hongkong abzuwickeln und anschließend in jede beliebige Währung zu tauschen. Im Dezember des Jahres 2010 wurde die Anzahl der Exporteure, denen es erlaubt war, ihre Handelsabrechnungen in RMB durchzuführen, von einigen Hunderten auf über 70.000 erweitert. So betrug der Anteil Hongkongs an den gesamten chinesischen RMB-Handelsverrechnungen im Jahr 2011 75%. Für das Jahr 2015 wird prognostiziert, dass bereits die Hälfte von Chinas Handelsgeschäften mit Schwellenländern in RMB abgewickelt werden könnten. Wenn man jedoch die Höhe des Handels in RMB mit denen der weltweit führenden Währungen wie dem USD und EUR vergleicht, wird ersichtlich, dass noch ein enormes Potenzial für den RMB besteht. Denn im November 2011 betrug der Handel in RMB zwischen 150 und 200 Millionen Yuan (knapp 30 Millionen USD) und der tägliche Handel in USD wurde zu diesem Zeitpunkt auf ungefähr 4 Billionen USD beziffert. Das impliziert, dass der globale Handel in RMB derzeit noch immer vom Handel in USD und EUR gehemmt wird.

Anfang des Jahres 2011 unternahm die chinesische Regierung einen weiteren Schritt, um den internationalen Handel des RMB zu forcieren. So war es nun amerikanischen Unternehmen und Personen erlaubt, in den Vereinigten Staaten via die „Bank of China" mit dem RMB zu handeln. Um mögliche Spekulanten davon abzuhalten, wurde das Limit pro Tag und Einzelperson auf USD 4.000 festgesetzt. Amerikanischen Unternehmen, die internationalen Handel betreiben, ist es jedoch erlaubt, in unbegrenzter Höhe davon Gebrauch zu machen. Das in den Vereinigten Staaten initiierte Programm ist nur eines von mehreren weltweit durchgeführten Vorhaben, um den Internationalisierungsprozess des RMB zu beschleunigen.[75]

---

[74] vgl. Fung/ Yau (2012) S. 109ff
[75] vgl. Fung/ Yau (2012) S. 113f

3.4 RMB-Offshore-Konten

Im Jahr 2004 war es erstmals Unternehmen, sowie Privatpersonen erlaubt, ein Offshore-RMB-Konto einzurichten und davon ausgehend weltweit RMB-Transaktionen zu tätigen. So ist es Einzelpersonen gestattet, täglich bis zu 20.000 Yuan in Hongkong einzuzahlen und in andere Währungen zu konvertieren. Für Unternehmen bestehen keine Wertobergrenzen. Bis zum Jahr 2010 stiegen die Offshore-RMB-Einlagen auf 279,60 Milliarden Yuan (+ 450% gegenüber 2009) und die Anzahl der daran teilnehmenden Finanzinstitutionen von 32 auf 105. Das bedeutete, dass 2010 ungefähr 5% der gesamten Kontoeinlagen am Finanzplatz Hongkong aus RMB-Einlagen bestanden. In naher Zukunft wird erwartet, dass die RMB-Einlagen in Hongkong höher sein werden als die des USD, der im Jahr 2010 mit einem Anteil von 30,80% an erster Stelle lag.[76] Laut einer Statistik der HKMA betrugen die RMB-Einlagen in Hongkong im Jahr 2011 bereits über 600 Milliarden Yuan (10% der gesamten RMB-Einlagen in Hongkong) und wurden zu 15% von nicht-asiatischen Unternehmen genutzt. Das bedeutet, dass die Sonderverwaltungszone den größten Vorrat an RMB-Einlagen außerhalb Festlandchinas besitzt.[77]

Die im Anschluss folgende Tabelle 2 gibt einen Überblick über die derzeitigen Vorteile eines RMB-Offshore-Kontos in Hongkong gegenüber einem RMB-Onshore-Konto in Festlandchina.

Tabelle 2: Vergleich Offshore RMB-Konto mit Onshore RMB-Konto

Festlandchina/ Onshore-RMB-Konto	Sonderverwaltungszone Hongkong/ Offshore-RMB-Konto
• Genehmigung der chinesischen Zentralbank erforderlich • Regulierter Zinssatz • Währungstausch außerhalb des RTSS untersagt • Keine Barverfügungen	• Kontoführung ohne Einschränkung • Marktkonformer Zinssatz • Weltweiter Währungstausch erlaubt • Barverfügungen möglich • Weltweiter Zahlungsverkehr möglich (Ausnahme Festlandchina)

Quelle: Esser (2011)

---

[76] vgl. Chen/ Cheung (2011) S. 9f
[77] vgl. Hong Kong Monetary Authority (2012a) S. 8

Die Grafik verdeutlicht die Vorteile der Führung eines Offshore-RMB-Kontos in Hongkong gegenüber einem Onshore-RMB-Kontos in Festlandchina. So ist es ausländischen Unternehmen bei Führung eines Offshore-Kontos erlaubt, ihre erwirtschafteten Erlöse weltweit (mit Ausnahme Festlandchinas) auf andere Konten zu transferieren und jederzeit in andere beliebige Währungen zu konvertieren. Zudem müssen Offshore-RMB-Konten nicht von der chinesischen Zentralbank oder der HKMA genehmigt werden, sondern können ohne weiteres bei jeder beliebigen Bank eröffnet werden. Zusätzlich bietet der Finanzplatz Hongkong auf die RMB-Einlagen einen marktkonformen Zinssatz, der nicht von Festlandchina reguliert wird. Abgesehen von der Führung eines Offshore-Kontos in Hongkong, ist es ebenso erlaubt, ein Offshore-Konto in Österreich zu führen und davon ausgehend RMB-Zahlungstransaktionen weltweit, abgesehen von Festlandchina, zu tätigen.[78]

Eine bedeutende Maßnahme der HKMA war die Einführung des „Payment-versus-Payment"-Systems. Dieses gewährleistet vor allem ausländischen Marktteilnehmern, dass ihre mit chinesischen Handelspartnern getätigten Transaktionen, wobei zumeist die rechnungslegende Währung der RMB ist, simultan nach Eingang des RMB-Erlöses von den Banken in andere Währungen getauscht bzw. verrechnet werden können. Die Sonderverwaltungszone Hongkong hat mittlerweile sechs verschiedene „Payment-versus-Payment"-Verknüpfungen zwischen dem EUR, USD, RMB und Hongkong-Dollar installiert. Für in China tätige Unternehmen, die ihre Zahlungstransaktionen über den Offshore-Markt Hongkong abwickeln, bedeutet dies eine effizientere Abwicklung ihrer RMB-Zahlungstransaktionen und eliminiert gleichzeitig auch das durch die unterschiedlichen Zeitzonen entstehende Verrechnungsrisiko.[79]

3.5 Dim Sum Bonds

Die sogenannten Dim Sum Bonds sind in RMB denominierte Anleihen, die in der Sonderverwaltungszone Hongkong von chinesischen sowie ausländischen Unternehmen emittiert werden können. In den letzten Jahren gewannen Dim Sum Bonds, auch bekannt als chinesische Offshore-Anleihen, vor allem durch den Anstieg von ausländischen Direktinvestitionen in Festlandchina und dem daraus resultierenden Finanzmittelbedarf an Bedeutung. Der ausschlaggebende Grund für die Schaffung bzw. Konstruktion dieser Anleihen war die Notwendigkeit, es ausländischen China-Exporteuren zu erleichtern, an frische Geldmittel zu kommen. Seit dem Jahr 2009, in dem das RTSS eingeführt wurde und daraus folgernd die

---

[78] vgl. Esser (2011) S. 7
[79] vgl. Hong Kong Monetary Authority (2011) S. 93

RMB-Einlagen in Hongkong massiv zunahmen, stieg auch die Anzahl der chinesischen Unternehmen, die ihren Finanzmittelbedarf durch die Ausgabe von Dim-Sum-Anleihen deckten. Im ursprünglichen Sinne bezeichnen Dim Sum Bonds in RMB denominierte Anleihen (CNH Bonds), die auf dem Offshore-RMB-Kurs basieren und auch dementsprechend in RMB zurückgezahlt werden müssen. Jedoch wird dieser Begriff auch für „Synthetic Bonds" (CNY Bonds) verwendet, die in RMB ausgegeben werden und in USD beglichen werden müssen. Der Unterschied von Dim Sum Bonds zu konventionellen europäischen Anleihen liegt in der wesentlich kürzeren Laufzeit, die in der Regel weniger als drei Jahre beträgt. Ausschlaggebend für die kürzere Laufzeit ist die von emittierenden Unternehmen erwartete starke Aufwertung des RMB. Selbst für ausländische Unternehmen die keine Tochtergesellschaft oder Niederlassung in China betreiben, besteht die Möglichkeit, Dim-Sum-Anleihen auszugeben und von der liberalen Gesetzgebung in Hongkong zu profitieren. Zudem können emittierende Unternehmen ihre lukrierten Erlöse frei, ohne Restriktionen seitens der HKMA, innerhalb Hongkongs sowie für grenzüberschreitende Finanztransaktionen nach Festlandchina transferieren.[80]

Es wird jedoch bezweifelt, dass der Hauptgrund für die Schaffung der Dim-Sum-Anleihen in den erleichterten Kapitalerhöhungsmaßnahmen für private Unternehmungen liegt. Denn der Dim-Sum-Anleihenmarkt stellt nur eines von vielen Instrumenten der chinesischen Zentralbank dar, dem Ziel, den RMB als Weltreservewährung zu etablieren, näher zu kommen. Einerseits können dadurch die Kapitalströme nach Festlandchina kontrolliert und somit die Inflation eingedämmt werden, auf der anderen Seite will die chinesische Regierung den Offshore-Markt Hongkong für ausländische Unternehmen und Investoren schmackhaft machen und ein breites Finanzierungsangebot bieten.[81]

Abbildung 5 veranschaulicht die Entwicklung von Dim-Sum-Bond-Emissionserlösen in Mrd. Yuan, die in der Sonderverwaltungszone Hongkong ausgegeben wurden.

---

[80] vgl. Norton Rose (2012)
[81] vgl. Fung/ Yau (2012) S. 116ff

Abbildung 5: Dim-Sum-Bond-Emissionen

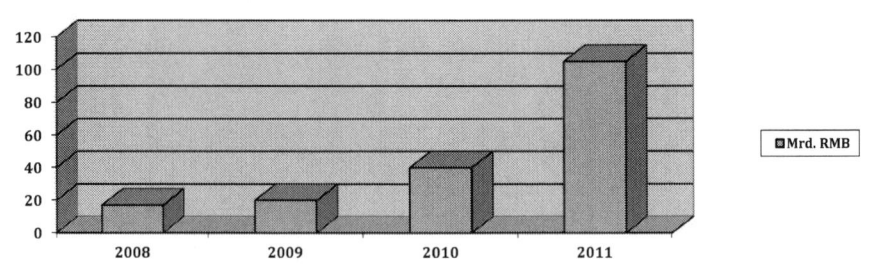

[Balkendiagramm: Mrd. RMB für Jahre 2008, 2009, 2010, 2011]

Quelle: Hong Kong Monetary Authority (2011)

Die Abbildung stellt die Höhe der aus Dim Sum Bonds emittierten Erlöse in den Jahren 2008 bis 2011 dar. Daraus wird ersichtlich, dass der Dim-Sum-Anleihenmarkt in Hongkong nach der Einführung des RTSS im Jahr 2009 einen Anstieg von 50% auf umgerechnet 36 Mrd. Yuan im Jahr 2010 verbuchte. Im Jahr 2011 überschritt das Emissionsvolumen der RMB-Anleihen in Hongkong erstmals die 100-Mrd.-Yuan-Marke.[82]

Eine für österreichische Unternehmen beispielhafte Emission von Dim-Sum-Anleihen widerfuhr der Raiffeisen Bank International (RBI) im Frühjahr des Jahres 2012. So begab die RBI eine in RMB denominierte Anleihe in Höhe von 750 Mio. Yuan (EUR 90,70 Mio.) mit einer Laufzeit von zwei Jahren. Diese CNH-Anleihe fand großen Anklang bei privaten Anlegern und war zweifach überzeichnet.[83]

Die zukünftige Entwicklung des Dim-Sum-Bond-Marktes wird von der Höhe der RMB-Offshore-Konteneinlagen abhängen und so lange positive Wachstumsraten aufweisen, bis sich der Überschuss dieser Offshore-Einlagen einstellen wird.[84] Auf der anderen Seite verlieren die synthetischen Anleihen durch den Aufwertungsprozess des RMB an Attraktivität für ausländische Unternehmen, da diese im Gegensatz zu CNH-Anleihen kontinuierlich teurer werden.[85]

3.6 Absicherungsinstrumente

3.6.1 *Absicherungsinstrumente allgemein*

Vor der Einführung des RTSS war es ausländischen in China tätigen Unternehmen nur möglich, ihre Handelsgeschäfte in USD oder teilweise in EUR zu fakturieren und somit waren sie nicht mit dem Wechselkursrisiko konfrontiert. Doch seit dem Jahr 2009 ist es nun auch nicht-chinesischen Unternehmen gestattet, bzw. ist es sogar erwünscht, ihre Geschäfte in RMB abzuwickeln. Durch diese Änderung und den allgemeinen Aufwertungsdruck des RMB sind ausländische Unternehmen nun verstärkt dem Wechselkursrisiko ausgesetzt und müssen sich dementsprechend dagegen absichern.[86]

Generell lässt sich sagen, dass der Wechselkurs einer Währung von den ökonomischen Faktoren eines Staates beeinflusst wird. Diese sind die Inflationsrate, das Zinsniveau, das Einkommensniveau, sowie der in China besonders häufig eintretenden Faktor der Staatsinterventionen.[87] Doch in der Vergangenheit hat sich vermehrt gezeigt, dass diese grundlegenden ökonomischen Bedingungen nicht in dem Ausmaße ausschlaggebend sind, wie angenommen wurde. Denn heutzutage werden die Wechselkurse massiv von kurzfristigen globalen volkswirtschaftlichen Vorkommnissen, wie Interventionen großer Zentralbanken oder anderen weltpolitischen Angelegenheiten, beeinflusst. Unter diesem Gesichtspunkt wird es für international tätige Unternehmen in Zukunft unabdingbar sein, ein Wechselkursrisikomanagement bzw. geeignete Kurssicherungsinstrumente zu installieren.[88]

Jedes Unternehmen muss individuell darüber entscheiden, welches Absicherungsinstrument am geeignetsten für das zugrunde liegende Geschäft und das damit verbundene Wechselkursrisiko ist. Zum einen stellen die Kosten der Inanspruchnahme eines Absicherungsinstrumentes ein wichtiges Kriterium dar. Auf der anderen Seite muss die Laufzeit des entsprechenden Absicherungsinstrumentes mit der Dauer der zu erwartenden Forderung oder Verbindlichkeit übereinstimmen.[89]

Laut Moser et al (2006) lassen sich die Methoden der Kurssicherung in drei verschiedene Gruppen einteilen. Die erste Gruppe umfasst die vertraglich vereinbarten vorbeugenden Instrumente, wozu Kurssicherungsklauseln und die Vertragsgestaltung in heimischer Währung zählen. Die zweite Kategorie beinhaltet sogenannte Sonderformen der Wechselkurssicherung, zu denen Factoring, Forfaitierung und Export-Leasing gehören. Diese zwei genannten Gruppen können durchaus auch für Handelsgeschäfte mit der Volksrepublik verwendet werden, stellen jedoch nicht neue, durch die Öffnung des RMB entstehende, Absicherungsinstrumente dar. Die dritte Kategorie setzt sich aus den Kurssicherungsinstrumenten zusammen, zu denen Devisentermingeschäfte, Fremdwährungskredite und Devisen-Optionsgeschäfte

---

[82] vgl. Hong Kong Monetary Authority (2012a) S. 8ff
[83] vgl. Der Standard (2012)
[84] vgl. Norton Rose (2012)
[85] vgl. Fung/ Yau (2012) S. 118
[86] vgl. Esser (2011) S. 2

zählen. Diese Gruppe ist durch die RMB-Öffnung ganz besonders betroffen, da der Finanzplatz Hongkong diese Finanzprodukte erst seit dem Jahr 2012 anbietet.[90] Daher werden diese Kurssicherungsinstrumente bzw. auch Währungsderivate genannt, in diesem Kapitel näher betrachtet und erklärt.

3.6.1.1 Devisen-Forwards

Das Devisentermingeschäft stellt eines der wichtigsten Absicherungsinstrumente für international tätige Unternehmen dar und gibt ihnen die Möglichkeit, den Wechselkurs im Vorhinein bzw. vor Durchführung des eigentlichen Geschäftes zu vereinbaren. Das bedeutet, dass ein Unternehmen zum heutigen Zeitpunkt die Höhe des zugrunde liegenden Geschäftes zu einem vertraglich vereinbarten Wechselkurs (Forward Rate), an einem definierten Tag in der Zukunft mit einem Finanzinstitut festlegen kann.[91]

So können beispielsweise Exporteure ihre in Zukunft erwarteten Zahlungseingänge von ausländischen Vertragspartnern in einer bestimmten Fremdwährung zu einem vertraglich fixierten Termin verkaufen. Für Importeure funktioniert das Devisentermingeschäft gegenläufig. Das bedeutet, dass diese in Zukunft einen bestimmten Fremdwährungsbetrag benötigen und daher den Betrag in fremder Währung per Termin kaufen.[92]

Im asiatischen Raum stellt der sogenannte „Non-deliverable Forward" eines der meist verwendeten Absicherungsinstrumente gegen Währungsschwankungen dar. Hierbei handelt es sich um Quasi-Termingeschäfte, die aufgrund von Kapitalverkehrsrestriktionen von bestimmten Staaten hauptsächlich an Offshore-Märkten angeboten werden.[93] Der Unterschied zu einem konventionellen Devisentermingeschäft liegt darin, dass ein „Non-deliverable Forward" nicht in der Fremdwährung des Vertragspartners verrechnet wird, sondern zumeist in USD. Dies begründet sich darin, dass die Landeswährung des Geschäftspartners meist nicht vollkommen konvertierbar und außerdem staatlichen Kapitalverkehrskontrollen ausgesetzt ist, und daher auch nicht lieferfähig ist. Das bedeutet: Wenn der vertraglich vereinbarte Devisenterminkurs von dem Devisenkassakurs am Abrechnungstag abweicht, hat derjenige Vertragspartner eine Ausgleichszahlung in USD zu leisten (Differenz der beiden Kurse), der von dieser Entwicklung profitiert hat. Besonders relevant sind „Non-deliverable Forwards" für Unternehmen, denen es unter normalen Umständen nicht gestattet wäre, Absicherungsinstru-

---

[87] vgl. Madura/ Fox (2007) S. 137
[88] vgl. Raiffeisen Bank (2003) S. 3
[89] vgl. Moser et al (2006) S. 175
[90] vgl. Moser et al (2006) S. 176

mente auf die lautende Landeswährung zu nutzen, und die somit die Möglichkeit haben, die vor Ort herrschenden Kapitalverkehrsrestriktionen zu umgehen. Zudem sind die Transaktionskosten im Gegensatz zu den herkömmlichen Devisentermingeschäften deutlich niedriger, da die sonst in der Landeswährung anfallenden Kosten wegfallen.[94]

3.6.1.2 Devisen-Futures

Bei Futures handelt es sich ebenso wie bei Devisentermingeschäften um Absicherungsinstrumente, bei welchen im Vorhinein die Höhe des abzusichernden Betrages, der vertraglich vereinbarte zukünftige Wechselkurs sowie das Fälligkeitsdatum definiert werden. Der Unterschied zu den Devisentermingeschäften liegt darin, dass es sich bei Futures um standardisierte Devisentermingeschäfte handelt, die an offiziellen Börsen angeboten werden. Das bedeutet: Wenn ein Marktteilnehmer einen Gewinn erzielt, stellt dieser für einen anderen Spekulanten einen Verlust dar. Wenn zum Beispiel ein österreichischer Exporteur eine offene Forderung in RMB hat und einen CNH-Future-Kontrakt mit Verfallsdatum Dezember 2012 erwerben möchte, muss der an der Börse zuständige Broker einen geeigneten anderen Marktteilnehmer finden, der bereit ist, den CNH-Future zum Verfallsdatum Dezember 2012 zu verkaufen bzw. zuliefern. Aus Sicht eines Importeurs mit ausstehenden Zahlungsverpflichtungen gilt dasselbe, nur, dass dieser einen CNH-Future-Kontrakt verkaufen und dementsprechend einen Käufer zum selben Verfallsdatum per Broker finden muss. Zusätzlich müssen die Teilnehmer an Future-Börsen einen sogenannten Margin hinterlegen, um mögliche auftretende Verluste im Vorhinein absichern zu können. Der Nachteil eines Devisen-Futures liegt in der Tatsache, dass dieser nicht wie bei Devisentermingeschäften maßgeschneidert an die Bedürfnisse des Unternehmens angepasst wird, sondern standardisiert (Höhe des Geschäftes, Verfallsdatum) angeboten wird. Aus Sicht eines Importeurs kann der gekaufte Future-Kontrakt jederzeit (vor dem Verfallsdatum) glattgestellt werden, indem dieser eine idente Anzahl an Future-Kontrakten verkauft. Für den Exporteur gilt dasselbe, nur umgekehrt, das heißt, dieser kann die geplanten verkauften Future-Kontrakte durch den Kauf derselben Anzahl an Future-Kontrakten mit identem Verfallsdatum glattstellen.[95]

---

[91] vgl. Madura/ Fox (2007) S. 144
[92] vgl. Moser et al (2006) S. 177
[93] vgl. Debelle (2006) S. 63
[94] vgl. Debelle (2006) S. 66
[95] vgl. Madura/ Fox (2007) S. 150ff
[96] vgl. Madura/ Fox (2007) S. 158

Der Preis eines Future-Kontraktes hängt von den Bewegungen des Kassakurses und den Zinssätzen ab. Das bedeutet, dass der Preis eines Future-Kontraktes zum Beispiel umso höher ist, je höher der Anstieg des Kassakurses der Fremdwährung ist.[96]

3.6.1.3 Devisen-Optionen

Devisen-Optionen unterscheiden sich von Devisentermingeschäften und Futures darin, dass der Käufer einer Option das Recht hat, aber nicht die Verpflichtung eingeht, eine Fremdwährung zu einem vertraglich vereinbarten Wechselkurs am Fälligkeitstag zu kaufen oder zu verkaufen. Für dieses zugestandene Recht muss der Optionskäufer die sogenannte Optionsprämie an den Verkäufer, bzw. Stillhalter, entrichten. Aus Sicht eines international tätigen Unternehmens, das in Zukunft eine Zahlung in einer Fremdwährung zu leisten hat, bedeutet dies, dass dieses Devisenoptionen, sogenannte Call-Optionen, kauft und damit die Möglichkeit hat, sich gegen steigende Wechselkurse der Fremdwährung abzusichern. Wenn jedoch die heimische Währung des Optionskäufers gegenüber der Fremdwährung aufwertet, hat dies zur Folge, dass das Unternehmen die Option verfallen lässt und somit einen Verlust in Höhe der bezahlten Optionsprämie einfährt. Neben den Call-Optionen gibt es auch die Möglichkeit, Put-Optionen zu erwerben. Diese geben dem Käufer das Recht, einen bestimmten Fremdwährungsbetrag am Fälligkeitstag zu einem vertraglich fixierten Preis (Basispreis, strike price) zu verkaufen. Ein Exporteur, der eine offene Forderung gegenüber einem ausländischen Unternehmen in fremder Währung hat, kann in diesem Fall eine Put-Option erwerben und sich somit gegen eine mögliche zukünftige Abwertung der Fremdwährung absichern. Da der Exporteur nicht die Verpflichtung eingegangen ist, sondern das Recht besitzt, die Put-Option auszuüben, wird dieser im Fall einer Aufwertung (zukünftige Spotrate > vereinbarter Basispreis) der Fremdwährung die Option verfallen lassen. Der Verkäufer einer Option jedoch besitzt nicht nur das Recht, sondern ist durch die erhaltene Optionsprämie eine Verpflichtung eingegangen. Im Falle einer Call-Option muss der Stillhalter den vertraglich fixierten Fremdwährungsbetrag liefern bzw. bei einer Put-Option ist er verpflichtet, dem Käufer der Option den Fremdwährungsbetrag abzunehmen.

Devisen-Optionen können sowohl standardisiert über Börsen erworben werden als auch direkt über Banken oder Finanzmakler. Somit haben Unternehmen bei Devisen-Optionen, im Gegensatz zu Devisentermingeschäften oder Futures, die Möglichkeit, selbst darüber zu entscheiden, ob sie standardisierte oder maßgeschneiderte Optionskontrakte erwerben wollen. Unternehmen müssen sich zudem bewusst machen, dass es bei Optionsgeschäften zwei verschiedene Ausübungsmodi gibt. Die Europäische Option kann nur zu einem gewissen Zeitpunkt erworben/verkauft werden, wohingegen die Amerikanische Option bis zu einem bestimmten Zeitpunkt gekauft/verkauft werden kann.[97]

3.6.2 RMB-Absicherungsinstrumente am Finanzplatz Hongkong

Mit der kontinuierlichen Öffnung des RMB entstehen auch neue Möglichkeiten bzw. Instrumente der Wechselkursabsicherung. Diese werden hauptsächlich am FX-Markt (Foreign Exchange) in der Sonderverwaltungszone Hongkong angeboten und geben ausländischen Unternehmen die Möglichkeit, ihre in RMB fakturierten Handelsgeschäfte nach und von Festlandchina abzusichern.[98] Der CNH-FX-Markt wurde im Juli 2010 durch die Unterzeichnung des „Supplementary Memorandum of Cooperation" ins Leben gerufen. Dieses Zusatzabkommen, welches zwischen der chinesischen Zentralbank und der HKMA getroffen wurde, ermöglicht seither einen problemlosen Verrechnungsverkehr zwischen Banken in Hongkong und Festlandchina in CNY. Der FX-Markt in Hongkong kann seit dessen Gründung auf eine beispiellose Entwicklung zurückblicken. So war dieser zu Beginn noch von zahlreichen Regulierungen der chinesischen Zentralbank geprägt. Ein wichtiger Schritt, um weg von den strengen Restriktionen zu kommen und damit den Unternehmen eine größere Vielfalt an Finanzprodukten zu bieten, war im Juni 2011 die Einführung der täglichen USD/CNH Spot Rate. Seither verzeichnete der FX-Markt in Hongkong einen Anstieg von ungefähr 1.000% (tägliches Volumen: 1-2 Mrd. USD), da durch die tägliche Wechselkursfixierung mehr Transparenz für Außenstehende bzw. vor allem für ausländische Unternehmen geschaffen wurde. Heute ist der FX-Markt maßgeblich an den hohen Kapitalzuflüssen ausländischer Unternehmen nach Hongkong beteiligt.[99]

Im September 2012 wurde in Hongkong erstmals mit dem Handel von Währungsderivaten, genauer gesagt mit FX-Futures, begonnen. Zuvor war es ausländischen Unternehmen lediglich möglich, ihre Handelsgeschäfte mit „Non-deliverable Forwards" abzusichern. In naher Zukunft werden dann auch weitere RMB-Finanzderivate, wie FX-Optionen für ausländische Unternehmen, erhältlich sein.[100]

---

[97] vgl. Madura/ Fox (2007) S. 159ff
[98] vgl. Hong Kong Stock Exchange (2012) S. 1
[99] vgl. Royal Bank of Scotland (2012) S. 17ff
[100] vgl. Chan (2012) S. 4

3.6.2.1 Non-Deliverable Forwards am Finanzplatz Hongkong

Der NDF-Markt in Hongkong stellt einen wichtigen Faktor dar, den Devisenmarkt Chinas in Richtung Liberalisierung des RMB zu verhelfen. Denn der NDF-Kontrakt in Hongkong war nicht nur das in der Vergangenheit einzig angebotene (Devisen-) Absicherungsinstrument für ausländische Unternehmen mit grenzüberschreitenden RMB-Handelsgeschäften, sondern unterstützt gleichzeitig auch die Beschleunigung der vollkommenen Konvertibilität des RMB. In den meisten bisher stattgefundenen Währungsprozessen anderer Nationen wurde der NDF-Markt nach vollständiger Konvertibilität wieder aufgehoben. In Hongkong sowie anderen asiatischen Staaten (vor allem Offshore-Märkten) wurden die NDF-Märkte hauptsächlich für ausländische Unternehmen geschaffen, die ihre Handelsgeschäfte in RMB bzw. in anderen asiatischen nicht frei konvertierbaren Landeswährungen durchführten. Der Handel von NDF-Kontrakten in Hongkong findet überwiegend zwischen Händlern statt (OTC-Geschäfte) und beträgt ungefähr 75% des gesamten NDF-Volumens. Die restlichen 25% entfallen auf die in Hongkong ansässigen Finanzinstitutionen. Die außerbörslich gehandelten NDF-Kontrakte werden zum größten Teil über Singapur und Hongkong angeboten. Jedoch ist es sehr schwierig, das jeweilige Volumen zu bestimmen, da keine genauen Aufzeichnungen der Händler vorliegen. Man geht jedoch davon aus, dass das tägliche Handelsvolumen Hongkongs im Jahr 2006 bei ungefähr 700 Mio. USD lag und in den darauffolgenden Jahren stetig zunahm.[101]

Auch wenn der Kassakurs USD(EUR)/CNY als Basis für den NDF-Kurs herangezogen wird, spielt im Falle Chinas bzw. Hongkongs der stattfindende Aufwertungsprozess des RMB gegenüber dem USD eine nicht zu unterschätzende Rolle und spiegelt sich maßgeblich im NDF-Kurs wider. Die Laufzeiten der NDF-Kontrakte, die in Hongkong gehandelt werden, betragen zwischen einem Monat und fünf Jahren. Allerdings ist darauf hinzuweisen, dass Kontrakte mit einer Laufzeit von über einem Jahr begrenzte Liquidität aufweisen. Die Mindesthöhe, um einen CNY-NDF-Kontrakt abschließen zu können, beträgt derzeit USD 10.000.

Ein Importeur, welcher einen NDF-Kontrakt mit einer Laufzeit von sechs Monaten in Hongkong abschließt, muss, da es sich um ein Importunternehmen handelt, einen in bestimmter Höhe lautenden CNY-Betrag kaufen. Angenommen, der Wechselkurs EUR/CNY beträgt bei Vertragsabschluss 8,30 und entwickelt sich während der Laufzeit negativ für den Importeur, beispielsweise auf 8,00, so erhält dieser eine Ausgleichszahlung in EUR. Umgekehrt im Falle einer positiven Entwicklung des EUR/CNY-Kurses: Dann müsste der Importeur eine Ausgleichszahlung an die Bank leisten. Die Ausgleichszahlung errechnet sich aus der Differenz zwischen den beiden Kassakursen (Kurs zwei Tage vor Fälligkeitsdatum), in

Relation zu dem erworbenen CNY-Betrag.[102] Für einen Exporteur, der hingegen eine Forderung ausständig hat und in sechs Monaten eine Zahlung in EUR zu erwarten hat, kann sich gegen eine mögliche Abwertung des RMB absichern, indem er einen CNY-NDF-Kontrakt mit sechsmonatiger Laufzeit eingeht. Die Vorgehensweise beim Exporteur gestaltet sich gleich wie bei einem Importeur, nur mit dem Unterschied, dass das exportierende Unternehmen den RMB verkauft und nicht kauft.[103]

In den letzten Jahren war das Interesse an NDF-Kontrakten am Finanzplatz Hongkong hoch, da durch die damals vorherrschenden Kapitalverkehrskontrollen andere Möglichkeiten der Absicherung nicht zulässig waren. In Zukunft werden diese jedoch vermehrt durch andere Absicherungsalternativen ersetzt bzw. verdrängt, da der NDF-Markt in Hongkong, wie bereits in diesem Kapitel beschreiben, nur eine Übergangslösung darstellt, um dem Devisenmarkt Chinas zu vollkommener Konvertibilität zu verhelfen.[104]

3.6.2.2 CNH-Futures am Finanzplatz Hongkong

Am 17. September wurde erstmals mit dem Handel von RMB-Futures, und somit auch dem ersten wirklich liquiden in RMB abgerechneten Derivat, am Finanzplatz Hongkong begonnen. Somit stellt dieser USD/CNH Future den ersten lieferfähigen CNY Future dar und gibt grenzüberschreitend tätigen Unternehmen die Möglichkeit, sich gegen auftretende Währungsschwankungen des RMB abzusichern. Der Wechselkurs bzw. Abrechnungskurs des RMB Future basiert auf dem Kassakurs USD/CNY und wird jeweils in 100.000-USD-Kontrakten angeboten.[105] Alle bezüglich dem Kauf oder Verkauf anfallenden Gebühren, sowie der zu hinterlegende Margin werden in RMB abgerechnet.[106]

Ein exportierendes Unternehmen, das seine Handelswaren in RMB verkauft und in Zukunft eine Abwertung des CNH gegenüber dem USD erwartet, wird, um sich gegen das Wechselkursrisiko abzusichern, einen USD/CNY Future kaufen und zu einem späteren Zeitpunkt in der Zukunft (Fälligkeitsdatum) zu einem höheren Preis verkaufen. Umgekehrt stellt sich der Prozess für einen Importeur dar, der seine von Festlandchina erworbenen Güter in RMB begleicht und

---

[101] vgl. Debelle (2006) S. 68ff
[102] vgl. National-Bank AG (2012)
[103] vgl. Nanyang Bank (2011)
[104] vgl. Debelle (2006) S. 66

eine Aufwertung des CNH gegenüber dem USD erwartet. Dieses wird folglich USD/CNY Future-Kontrakte verkaufen und in Zukunft zu einem niedrigeren Preis erwerben.[107]

Von den angebotenen CNH Futures verspricht man sich in Zukunft mehr ausländische Unternehmen nach Festlandchina zu locken. Denn je mehr verfügbare RMB-Produkte am Finanzplatz Hongkong angeboten werden, desto höher ist auch die Anzahl der ausländischen Unternehmen, die davon Gebrauch machen und somit anderen ausländischen Unternehmen zeigen können, dass Geschäfte nach Festlandchina nicht mehr risikobehaftet sind als mit anderen Staaten. Zudem ist die Aufnahme des CNH Future in das Finanzprodukt-Portfolio der Hong Kong Stock Exchange (HKEx) ein wichtiger Schritt, den Standpunkt Hongkongs als führendes RMB-Offshore-Zentrum zu stärken.[108]

3.6.2.3 Weitere Absicherungsinstrumente am Finanzplatz Hongkong
CNH-Optionen werden bereits seit August 2010 am Finanzplatz Hongkong angeboten, jedoch befindet sich der Markt noch in der Entwicklungsphase. Die Laufzeiten bewegen sich zwischen drei Monaten und zwei Jahren. Das tägliche Handelsvolumen schwankt zwischen USD 70 Mio. und USD 300 Mio. Der Grund für die geringe Akzeptanz der CNH-Optionen ist, dass der Markt noch relativ illiquide ist.[109] Dennoch haben ausländische Unternehmen die Möglichkeit, ohne jegliche Restriktionen oder Einschränkungen von CNH-Optionen Gebrauch zu machen.[110]

In Hongkong werden zudem noch sogenannte „Cross Currency Swaps", zu Deutsch „Währungsswaps", angeboten. Hierbei handelt es sich um ein Austauschgeschäft zwischen einem Unternehmen und einer Bank, wobei zu vertraglich fixierten Zeitpunkten (meist vierteljährlich) zwei unterschiedliche Währungen gegeneinander verrechnet bzw. getauscht werden. Die Laufzeiten der Währungsswaps in Hongkong betragen zwischen sechs Monaten und fünf Jahren und geben hauptsächlich größeren Unternehmen die Möglichkeit, davon Gebrauch zu machen. Der Grund liegt an dem hohen Mindestbetrag (in Hongkong zwischen 10 und 20 Mio. USD), der erforderlich ist, um überhaupt einen Währungsswap eingehen zu können. Das tägliche Handelsvolumen in der Sonderverwaltungszone Hongkong beträgt zwischen 50 und 100 Mio. USD.[111] Für die Zukunft wird erwartet, dass der Markt für Währungsswaps an

---

[105] vgl. Royal Bank of Scotland (2012) S. 21
[106] vgl. Hong Kong Stock Exchange (2012) S. 3
[107] vgl. Hong Kong Stock Exchange (2012) S. 6f
[108] vgl. China Daily (2012)

Bedeutung gewinnen wird, da viele Unternehmen anstatt von NDF dann CNH-Swaps gegen auftretende Währungsschwankungen einsetzen werden.[112]

3.7 Zwischenresümee

Die Sonderverwaltungszone Hongkong ist die größte Handelsplattform für den RMB außerhalb Festlandchinas und bietet ausländischen Unternehmen die Möglichkeit, neben dem Onshore-RMB (CNY) Finanz- und Handelstransaktionen in der Offshore-Währung, dem CNH, durchzuführen. Der Offshore-RMB gewährt nicht-chinesischen Unternehmen einen weltweit uneingeschränkten Zahlungsverkehr und gibt diesen auch die Möglichkeit, Zahlungstransaktionen in RMB unter dem RTSS nach Festlandchina zu tätigen. Zudem werden die meisten nach Festlandchina getätigten ausländischen Direktinvestitionen über den Finanzplatz Hongkong abgewickelt. In absehbarer Zukunft wird erwartet, dass die RMB-Einlagen in Hongkong, die zurzeit noch führende Umlaufwährung, den USD ablösen wird.

Der eigentliche Zweck der Sonderverwaltungszone Hongkong besteht darin, als eine Art Erprobungsplattform für den zukünftig angedachten vollkommen liberalisierten RMB zu dienen und somit wichtige Erkenntnisse für die Zukunft zu erlangen. Darüber hinaus gibt der FX-Markt in Hongkong ausländischen Unternehmen die Möglichkeit, deren in RMB getätigten Handelsgeschäfte mittels Währungsderivaten abzusichern. Der Markt hierfür befindet sich jedoch noch in der Entwicklungsphase. Generell lässt sich sagen, dass die Sonderverwaltungszone Hongkong die Handelsplattform für ausländische Unternehmen und Investoren darstellt und die Metropole Shanghai als Pendant für lokale chinesische Unternehmen dient. Jedoch geht man davon aus, dass der Finanzplatz Shanghai ab dem Jahr 2020 die Rolle Hongkongs als führendes Finanzzentrum für den RMB einnehmen könnte.

---

[109] vgl. Royal Bank of Scotland (2012) S. 21
[110] vgl. HSBC (2011) S. 10f
[111] vgl. Royal Bank of Scotland (2012) S. 21
[112] vgl. HSBC (2011) S. 15ff

4 Exkurs: Handelsbeziehung Österreich-China

Die Außenhandelsbeziehung zwischen Österreich und der Volksrepublik China begann bereits im Jahr 1964, in welchem beide Staaten ein Abkommen über den Austausch von Handelsvertretungen unterzeichneten, jedoch noch keinen offiziellen gegenseitigen Handel betrieben. Dennoch gab es bereits zu diesem Zeitpunkt private österreichische Unternehmen, die geringe Mengen an Gütern in die Volksrepublik exportierten. Dies änderte sich ab dem Jahr 1972, als sich beide Staaten dafür entschieden, den zwischenstaatlichen Handel zu starten. Der Beginn dieses wichtigen Schrittes wurde in einem Handels- und Zahlungsabkommen manifestiert. Bereits im Jahr 1979 erreichte der gegenseitige Handel ein Volumen von 1 Milliarde Schilling. Da man bereits Mitte der 1980er Jahre erkannte, dass beide Staaten von ihrem gegenseitigen Handel enorm profitieren könnten, schloss man zahlreiche bilaterale Abkommen ab. Einen wichtigen Grundstein legte man im Jahr 1996 mit der Unterzeichnung des Abkommens für wirtschaftliche, industrielle, technische und technologische Zusammenarbeit. Genau ein Jahr nach Unterfertigung dieses Abkommens, überschritten österreichische Direktinvestitionen in China erstmals die Marke von 1 Milliarde Schilling. Dieser positive Trend setzte sich kontinuierlich fort und erreichte nach Einführung des Euro im Jahr 2002 über EUR 2 Milliarden. Durch die stetig ansteigenden Exporte österreichischer Unternehmen und des daraus resultierenden Bedürfnisses nach mehr Sicherheit bezüglich des Zahlungsverkehrs wurde im Jahr 2005 erstmalig eine Bankenlizenz für eine österreichische Bank vergeben. Zwar bestand bereits seit dem Jahr 2001 eine Vertretung der Raiffeisenbank in Peking, jedoch durfte diese keine RMB-Transaktionen abwickeln. Alleine in dieser Zeitspanne von 2001 und 2005 verdoppelte sich das Handelsvolumen mit China auf EUR 4,20 Milliarden.

Zu diesem Zeitpunkt gab es bereits 1.000 Investitionsprojekte aus Österreich, die ein kumuliertes Investitionsvolumen von über EUR 600 Millionen hatten. Ausschlaggebend hierfür war allerdings nicht die Präsenz der österreichischen Raiffeisen-Bank, sondern der Beitritt Chinas zur World Trade Organisation (WTO) im Jahr 2001. Selbst im Jahr der globalen Wirtschaftskrise 2009, als Österreich mit nahezu allen Handelsstaaten eine negative Exportentwicklung verzeichnete, wuchsen die Exporte in die chinesische Volksrepublik und durchbrachen die 2 Milliarden-Euro-Marke. Im darauffolgenden, noch immer krisenbehafteten, Wirtschaftsjahr 2010 konnten Österreichs China-Exporte dieser Krise trotzen und um 40% zulegen.[113]

---

[113] vgl. Außenministerium Österreich (2012)

Die chinesische Volksrepublik ist mittlerweile der wichtigste Handelspartner Österreichs im asiatischen Raum. Im Jahr 2011 verbuchte man Importe aus China in Höhe von EUR 6,40 Milliarden (+17,70%) und Exporte nach China im Wert von EUR 2,90 Milliarden (+ 4%). Gemessen an allen österreichischen Handelspartnern betrugen die Importe Chinas 4,90% und die Exporte 2,4%. Somit rangieren Chinas Importe hinter Deutschland (38,20%), Italien (6,50%) und der Schweiz (5,4%) bereits an vierter Stelle. Exportseitig befindet sich China an elfter Stelle und somit nahezu auf demselben Niveau wie die EU-Oststaaten Ungarn (3,10%), Polen (2,80%) und Slowakei (2%).

Die nachfolgende Tabelle 3 stellt die wichtigsten Handelspartner Österreichs, gemessen an deren Import- und Exportanteilen in Prozent dar.

Tabelle 3: Die fünf wichtigsten Handelspartner Österreichs 2011

Land	Importanteil 2011	Land	Exportanteil 2011
Deutschland	38,20%	Deutschland	31,20%
Italien	6,50%	Italien	7,70%
Schweiz	5,40%	Vereinigte Staaten	5,30%
China	**4,90%**	Schweiz	4,90%
Vereinigte Staaten	2,90%	**China**	**2,40%**

Quelle: Statistik Austria (2012)

Aus der Tabelle wird ersichtlich, dass China bereits der zweit-wichtigste Handelspartner österreichischer Unternehmen außerhalb Europas ist und sich nur noch vor den Vereinigten Staaten geschlagen geben muss. In Summe verbuchte die österreichische Volkswirtschaft mit dem Handelspartner China ein Handelsbilanzdefizit von 2,50% bzw. EUR 3,50 Milliarden.[114]

Dennoch ist hierbei anzumerken, dass die Volksrepublik China im Jahr 2010, den Titel als wichtigster Handelspartner Österreichs in Übersee innehatte. Durch das schleppende Wachstum österreichischer Ausfuhren, musste dieser Platz jedoch wieder zurück an die USA gegeben werden. Trotzdem bleibt China auch im Jahr 2012, Österreichs wichtigster Handelspartner in Asien und viertwichtigster Lieferant ausländischer Güter.[115]

Für die Zukunft wird ein Abbau des österreichischen Handelsbilanzdefizits mit China prognostiziert, da ein großes Chancenpotenzial für österreichische Exporteure auf dem chinesischen Markt besteht. Denn die chinesische Volksrepublik kann nach wie vor auf ein hohes, wenn auch rückgängiges, Wirtschaftswachstum (+7,50%) und ein steigendes Pro-Kopf Einkommen der Bevölkerung verweisen. Zudem besteht Modernisierungsbedarf in vielen Industriezweigen, sowie ein aufkommendes Umweltbewusstsein der Chinesen, das wiederum zu nötigen Investitionen im Technologiesektor führen wird.[116] Darüber hinaus ist Chinas Regierung durch den neuen Fünfjahresplan (2011-2015) bestrebt, den Umschwung von einer exportorientierten Volkswirtschaft hin zu einer Konsumgesellschaft durchzusetzen. Das Ziel dieses Plans beinhaltet eine gerechtere Einkommensverteilung innerhalb der chinesischen Bevölkerung sowie eine Steigerung des Binnenkonsums. Letzteres Ziel hätte für österreichische Exporteure zur Folge, dass die chinesische Bevölkerung verstärkt ausländische Produkte nachfragen wird und daher eine breiter gestreute Zielgruppe anvisieren könnte.[117]

5. Conclusio

5.1 Resümee

Chinas RMB-Liberalisierungsprozess begann im Juli 2010 mit der Ankündigung der chinesischen Zentralbank, dass man in den kommenden Jahren vorhabe den RMB vom USD abzukoppeln. Tatsächlich sieht es so aus, dass die chinesische Regierung versucht den Abkoppelungsvorgang sowie die damit einhergehende Aufwertung des RMB gegenüber dem USD, in die Länge zu ziehen. Denn zum jetzigen Zeitpunkt darf der RMB täglich nur um +/- 1% gegenüber dem USD schwanken. Die Folge der minimalen täglichen Schwankungsbreite ist, dass seit Bekanntmachung der RMB-Liberalisierungsstrategie im Juli 2010, der RMB lediglich um 7,50% gegenüber dem USD aufwertete. Der Grund hierfür liegt in der Tatsache, dass die Volksrepublik China der größte Besitzer von USD-Devisenbeständen weltweit ist und somit Gefahr laufen könnte, durch eine zu schnelle Aufwertung des RMB einen sehr hohen Wertverlust an USD-Reserven zu erleiden. Zudem möchte China auf der einen Seite durch die bewusste Unterbewertung des RMB die Exporte weiterhin auf selben Niveau halten. Auf der anderen Seite jedoch, will man durch den Liberalisierungsprozess des RMB, den Wohlstand der eigenen Bevölkerung erhöhen, indem durch diesen die Exporte zurückgehen, die Importe ansteigen und schlussendlich China als konsumgetriebener Wirtschaftsstaat an Bedeutung gewinnen würde. Jedoch kann man wiederum am 2009 eingeführten „Renminbi Trade Settlement Scheme", das die Fakturierung von grenzüberschreitenden Handelsgeschäften in RMB erlaubt, erkennen, dass die chinesische Regierung tatsächlich vorhat den Plan des vollkommen frei konvertierbaren RMB umzusetzen. Das RTSS bedeutet, dass nun der RMB für Handelstransaktionen freigegeben wurde, jedoch nicht, und das stellt noch das größte zu bewältigende Hindernis der Volksrepublik dar, das der RMB kapitalkonvertibel und frei ohne Einschränkungen ins Ausland transferierbar ist. Um diesem Problem entgegenzutreten muss China noch den eigenen Finanzmarkt ausbauen und die vorhandenen Kapitalverkehrskontrollen abschaffen. Ein erster Schritt in diese Richtung wurde durch die Schaffung des Offshore Marktes Hongkong gesetzt. Die Sonderverwaltungszone Hongkong dient als Erprobungsplattform, um den RMB-Liberalisierungsprozess, abseits von jeglichen Kapitalverkehrskontrollen und anderen Restriktionen, auf eigenem Boden zu testen und in Zukunft auf die gesamte Volksrepublik auszuweiten. Vor Ort hat sich eine Alternativwährung zum streng regulierten Onshore-RMB (CNY) etabliert, nämlich der vollkommen frei handelbare Offshore-RMB (CNH). Durch die Schaffung des CNH und vor allem durch die lockeren Finanzgesetze die in der Sonderverwaltungszone vorherrschen, hat sich Hongkong mittlerweile als größter Umschlagsplatz für ausländische Unternehmen, die in Festlandchina tätig sind, entwickelt. So wurden im Jahr 2011 65% der ausländischen Direktinvestitionen über den Finanzplatz Hongkong abgewickelt. Zudem verfügt Hongkong über ein größeres Portfolio an Finanz- bzw. Absicherungsprodukten als Festlandchinas Finanzmetropole Shanghai, die es ausländischen Unternehmen ermöglichen, sich gegen auftretende Wechselkursschwankungen des RMB abzusichern und zudem die Möglichkeit haben an frisches Kapital zu kommen. Wenn man dieses in Hongkong erprobte System auf die gesamte Volksrepublik ausweitet und der RMB in Zukunft tatsächlich vom USD abgekoppelt werden würde, könnte die Volksrepublik China ab dem Jahr 2030 die Stellung als weltweit größte Volkswirtschaft inne haben. Zudem könnte der RMB ab diesem Zeitpunkt den USD als Weltleitwährung ablösen bzw. zumindest ebenbürtig mit diesem sein. Diese von der Volksrepublik China geschaffenen Maßnahmen, um den RMB auch für ausländische Unternehmen zugänglich zu machen, werden sich in Zukunft auch auf österreichische in China tätige Unternehmen auswirken. Zum einen steigt durch die wirtschaftspolitische Öffnung Chinas, das Vertrauen österreichischer Unternehmen, da sich diese für die Zukunft einen liberaleren Wettbewerbsmarkt durch die Flexibilisierung des RMB erwarten. Auf der anderen Seite sind österreichische Unternehmen noch etwas verhalten in der Akzeptanz der neu geschaffenen Maßnahmen. Denn die Möglichkeit der Fakturierung in RMB wurde bis zum jetzigen Zeitpunkt selten bis gar nicht in Anspruch genommen, da diesbezüglich noch eine Unsicherheit gegenüber chinesischen Geschäftspartnern und dem RMB vorherrscht. Der Großteil der österreichischen Unternehmen vertraut nach wie vor dem USD als rechnungslegende Währung und sichert seine Handelsgeschäfte hauptsächlich per Vorauskasse oder Akkreditiv ab. Dies wird sich jedoch in den kommenden Jahren ändern und die österreichischen Unternehmen werden vermehrt auf Derivate gegen auftretende Wechselkursschwankungen setzen, da zum einem das Angebot an Absicherungsinstrumenten in Hongkong ausgeweitet wird und zum anderen die Vorteile der Fakturierung in RMB überwiegen werden. Die Sonderverwaltungszone Hongkong spielt vor allem bei größeren österreichischen Unternehmen eine bedeutende Rolle, da diese leichter und vor allem günstiger neues Kapital aufnehmen können. Hinzu kommt, dass österreichische Unternehmen durch die Fakturierung in RMB und das Halten von Offshore-Konten in Hongkong, die Möglichkeit haben von der in Zukunft angedachten starken Aufwertung des RMB zu profitieren. Zudem erhofft man sich durch die Aufwertung des RMB, dass die Volksrepublik China vermehrt ausländische Güter importieren wird und somit österreichische Exporteure davon profitieren könnten.

5.2 Ausblick

Die Volksrepublik China wird sich früh oder später dem Druck der USA beugen und den RMB aufwerten bzw. vollkommen vom USD abkoppeln. Selbst wenn China durch die Aufwertung des RMB hohe Währungsverluste an den bestehenden USD-Devisenbeständen erleiden würde, wird der RMB-Liberalisierungsprozess der Volksrepublik nicht erspart bleiben können. Neben der in der Literatur hauptsächlich erwähnten Option, den RMB vom USD abzukoppeln und diesen autonom zu steuern, gäbe es die Möglichkeit den RMB an einen stabilen Währungskorb zu binden. Dies wird jedoch erst dann möglich sein, wenn der RMB vollkommen frei konvertierbar ist. Wenn der RMB in Zukunft tatsächlich an Wert gewinnen wird, könnte dies auf lange Sicht gesehen zu einem Ausgleich der eigenen Zahlungsbilanz führen und die Volksrepublik würde dadurch mehr Vertrauen in Bezug auf wirtschaftliche Angelegenheiten von anderen Staaten erhalten. Zudem könnte die RMB-Öffnung als Stabilisator der eigenen Wirtschaft dienen und den Wohlstand der eigenen Bevölkerung maßgeblich erhöhen. Dies wird jedoch ein langwieriger Prozess sein, der sich über Jahrzehnte ziehen könnte. Die wichtigste Maßnahme, um China und den RMB in Zukunft mehr internationale Anerkennung zukommen zu lassen, wäre die Öffnung des eigenen Kapitalmarktes. Denn Chinas Finanzmarkt ist im Vergleich zu anderen führenden Wirtschaftsstaaten noch unterentwickelt und muss daher für ausländische Unternehmen und Personen attraktiv, aber vor allem zuerst einmal zugänglich gemacht werden. Wenn diese erwähnten Maßnahmen erfolgreich umgesetzt werden, wird die Volksrepublik mit hoher Wahrscheinlichkeit ab dem Jahr 2030 zur weltweit größten Volkswirtschaft aufsteigen und damit die USA von deren Vormachtstellung ablösen. Dies würde auf lange Sicht zu einem bedeutenden Anstieg des chinesischen Lebensstandards führen und Chinas Pro-Kopf-Einkommen könnte in rund 30 Jahren über USD 85.000 betragen. Der RMB würde demzufolge zur Weltleitwährung aufsteigen bzw. könnte sich gemeinsam mit dem USD oder vielleicht mit dem EUR, die Position als weltweit führende Abrechnungswährung teilen. In Bezug auf den Finanzplatz Hongkong wird sich die Frage stellen, ob dieser in Zukunft weiterhin der Umschlagsplatz für ausländische Direktinvestitionen nach Festlandchina sein wird. Denn zum einem plant die chinesische Regierung die Stadt Shanghai als weltweit führendes Finanzzentrum zu etablieren und zum anderen wird die Bedeutung der Sonderverwaltungszone Hongkong deutlich an Bedeutung verlieren, wenn der RMB vollkommen konvertibel sein wird. Auf mittlere Sicht wird der Finanzplatz Hongkong dennoch Chinas wichtigste Handelsplattform für ausländische Finanztransaktionen bleiben, da man vor allem darauf bestrebt ist, das bestehende Portfolio an Finanzprodukten, sowie Finanzdienstleistungen weiterhin auszubauen. Aus Sicht der österreichischen in China tätigen Unternehmen, könnte die RMB-Öffnung zu einem Anstieg österreichischer Exporte beitragen. Dies leitet sich aus der in Zukunft angedachten RMB-Aufwertung ab, da dadurch der Euro gegenüber der Volkswährung an Wert verliert und daraus folgernd ausländische Güter günstiger nach China importiert werden können. Zudem werden die ansteigenden österreichischen China-Exporte zu einem Ausgleich bzw. zu einer Verbesserung der österreichisch-chinesischen Handelsbilanz führen. Für österreichische Unternehmen wird es in Zukunft zunehmend wichtiger werden, sich nicht nur am österreichischen Markt nach Absicherungsmöglichkeiten umzusehen, sondern diese auch vor Ort bzw. am Finanzplatz Hongkong zu nutzen. Massive Auswirkungen der RMB-Öffnung werden zudem vom „Renminbi Trade Settlement Scheme" erwartet, da dieses österreichischen Unternehmen zunehmend mehr Verhandlungsmacht gegenüber chinesischen Geschäftspartnern einräumt und dadurch die zurzeit noch vorherrschende Unsicherheit gegenüber dem chinesischen Markt abbauen könnte. Wenn der RMB zukünftig tatsächlich vollkommen konvertibel wäre und China seine Kapitalverkehrskontrollen abschaffen würde, könnten österreichische Unternehmen am Erfolg der zukünftig größten Volkswirtschaft der Welt partizipieren. Der einzige Punkt der Unternehmen für zukünftige China-Geschäfte verunsichern könnte ist, dass das momentane Wirtschaftswachstum Chinas zunehmend abflacht und sich dieses sich in Zukunft in Richtung Stagnation bewegen könnte. Wenn jedoch die RMB-Öffnung, wie von der chinesischen Regierung angekündigt, tatsächlich umgesetzt wird, könnte man diese Bedenken außer Acht lassen.

5.3 Limitationen der Arbeit

Da sich die vorliegende Arbeit mit den volkswirtschaftlichen Auswirkungen der RMB-Öffnung befasst, wurde die politische Komponente bzw. die politische Öffnung Chinas nicht behandelt. Zudem muss erwähnt werden, dass die von der Volksrepublik China publizierten Zahlen, von denen anderer wissenschaftlicher Berichte teilweise stark abweichen. Ebenso bezweifelt werden kann der Zeitpunkt, der in der Arbeit mit 2030 beziffert wurde, ab dem China die USA als weltweit größte Volkswirtschaft ablösen könnte, da noch immer Unsicherheit herrscht ob die angedachte vollkommene RMB-Liberalisierung, tatsächlich in dem Tempo wie angekündigt, stattfinden wird. In Bezug auf Hongkong wurde nicht näher auf den Hongkong-Dollar eingegangen, da dieser zwar die offizielle Währung der Sonderverwaltungszone ist, dennoch für Handelsgeschäfte nach Festlandchina irrelevant ist. Im Bereich der Absicherungsmöglichkeiten im Außenhandel mit China, konzentrierte sich der Autor auf

Derivate bzw. Instrumente gegen auftretende Wechselkursschwankungen, da anderwärtige Instrumente gegen allgemeine Geschäftsrisiken, schon vor der angekündigten RMB-Öffnung für ausländische Unternehmen relevant waren. Das Experteninterview konnte zwar einen guten Überblick über die aktuellen Möglichkeiten für österreichische Unternehmen aufzeigen, dennoch konnten die Interviewpartner nicht bei allen gestellten Fragen genaue Zahlen bzw. Prozentsätze nennen.

Für zukünftige wissenschaftliche Arbeiten könnte man den Finanzplatz Shanghai näher untersuchen, da dieser vermehrt an internationaler Bedeutung gewinnen wird. Zudem könnte der Fokus einer zukünftigen Arbeit darauf gerichtet werden, wie sich die Volksrepublik China verhalten könnte, wenn diese die weltweit größte Volkswirtschaft und der RMB die weltweit führende Währung wäre.

Literaturverzeichnis

Außenministerium Österreich (2012): Wirtschaftsbeziehungen Österreich-China. http://www.bmeia.gv.at/botschaft/peking/bilaterale-beziehungen/.../wirtschaft.html. 17. September 2012

Ba, S. et al (2010): Effects of RMB Internationalization on China's Finance Industry. Palgrave Macmillan, London.

Blanchard, O. / Illing, G. (2009): Makroökonomie. 5. Auflage, Pearson Studium, München.

Chan, B. (2012): Overview of HKEx's RMB products and market development. http://www.hkex.com.hk/eng/newsconsul/hkexnews/2012/Documents/BryanChan.pdf. 24. August 2012

Chen, X. / Cheung, Y. (2011): Hong Kong Institute for Monetary Research. Renminbi Going Global. http://www.ssm.com/abstract=1797464. 07. Juli 2012

China Daily (2012): HKEx to introduce renminbi currency futures. In: China Daily, 2012, http://www.chinadaily.com/cn/bizchina/2012-04/20/content_15101978.htm. 03. September 2012

CIHD Magazin (2011): Chinesischer Industrie & Handelsverband e.V. in Deutschland. In: CIHD Magazin, Ausgabe 13/2011, http://www.cihd.de/de/leistungen/download/Magazin13-D.pdf. 24. September 2012

Commerzbank (2011): Neue Märkte-neue Chancen. Handelsgeschäfte mit China jetzt in Renminbi abwickeln. https://www.firmenkunden.commerzbank.de/files/news_archive/company_news/cn_3_2011_zahlungsverkehr_renmimbi.pdf. 13. Juli 2012

Debelle, G. et al (2006): Devisenterminmärkte in Asien. Lehren aus den Erfahrungen Australiens. http://www.bis.org/publ/qtrpdf/r_qt0609ger_g.pdf. 14. August 2012

Dieckheuer, G. (2001): Internationale Wirtschaftsbeziehungen. 5. Auflage, Oldenbourg, München.

Der Standard (2012): RBI begab Anleihe in chinesischer Währung. http://derstandard.at/1331779799896/Zweifach-ueberzeichnet-RBI-begab-Anleihe-in-chinesischer-Waehrung. 04. August 2012

Eckert, D. (2012): Weltkrieg der Währungen. 5. Auflage, FinanzBuch Verlag, München

Eichengreen, B. (2011): The Renminbi as an International Currency; In: Journal of Policy Modeling; Vol. 33, Iss. 5; S. 723-730.

Esser, B. (2011): Die Liberalisierung des RMB und die Rolle von Hongkong als Offshore RMB Zentrum. http://www.hongkong-gesellschaft.de/uploads/media/Vortrag_Herr_Esser__Trinkaus___Burkhardt.pdf. 25. Mai 2012

Federal Reserve (2011): Yuan Exchange Rate (per USD)-1981-2012 (Monthly). http://people.hofstra.edu/geotrans/eng/ch5en/conc5en/yuanusdexchange.html. 29.Juni 2012

Fung, H.G. / Yau, J. (2012): Chinese Offshore RMB Currency and Bond Markets: The Role of Hong Kong; In: China & World Economy; Vol. 20, Iss. 3; S. 107-122.

Geiger, M. (2002): Die Geldpolitik der People`s Bank of China. http://www.asienkunde.de/nachwuchs/noah2002/geiger.pdf. 18. Juli 2012

Goldstein, M. / Lardy, N. (2008): China´s Exchange Rate Policy. Peterson Institute for International Economics, Washington DC.

Handelsblatt (2012): Freigabe des Yuan rückt näher. http://www.handelsblatt.com/finanzen/rohstoffe-devisen/devisen/china-freigabe-des-yuan-rueckt-naeher/6815010.html. 27. August 2012

Helbig, J. (2011): Effekte der Währungspolitik auf die chinesische Volkswirtschaft. 1. Auflage, Grin, Bamberg.

Herr, H.J. (2008): Das chinesische Wechselkurssystem. http://www.bundestag.de/dasparlament/2008/07/Beilage/005.html. 18. Juli 2012

Hong Kong Monetary Authority (2012a): Hong Kong: The Premier Offshore Renminbi Business Centre. http://www.google.at/url?sa=t&rct=j&q=Hong+Kong+-+The+premier+offshore+renminbi+business+centre+monetary+authority&source=web&cd=1&ved=0CIoBEBYwAA&url=http%3A%2F%2Fwww.hkma.gov.hk%2Fmedia%2Feng%2Fpublication-and-research%2Fhkrmb%2Fhkma-rmb-booklet.pdf&ei=SFDXT5D5HoiLhQfx7NXvAw&usg=AFQjCNH9U3oBR1_HduwNTShwhDaOM5K7Jg. 02. Juli 2012

Hong Kong Monetary Authority (2012b): Renminbi Business in Hong Kong. http://www.hkma.gov.hk/eng/key-functions/international-financial-centre/renminbi-business-hong-kong.shtml. 07. August 2012

Hong Kong Monetary Authority (2011): International Financial Centre. http://www.hkma.gov.hk/media/eng/publication-and-research/annual-report/2010/11_hkma_international_financial.pdf. 07. August 2012

Hong Kong Stock Exchange (2012): Introductory Guide to RMB Currency Futures. http://www.hkex.com.hk/eng/prod/drprod/rmb/Documents/rmb101_e.pdf. 24. August 2012

HSBC (2011): HSBC`s Emerging Markets Currency Guide 2012. http://www.hsbcnet.com/gbm/attachments/rise-of-the-rmb/currency-guide-2012.pdf?WT.ac=CIBM_gbm_pro_rmbrise_pbx01_On. 03. September 2012

Klenner, W. (2006): Chinas Finanz- und Währungspolitik nach der Asienkrise. Lucius&Lucius, Stuttgart.

Koll, A. (2011): Der Renminbi als internationale Handelswährung. In: ExportManager, Ausgabe 6/2011, http://www.exportmanager-online.de/archiv/165/der-renminbi-als-internationale -handelwaehrung.html/. 02. August 2012

Kopitzki, I. (2010): Der Währungsstreit zwischen China und den USA. Entwicklung, Erklärung, Risiken und Perspektiven. 1. Auflage, Grin, Wiesbaden.

Körnig, G. (2011): Internationalisierung des Renminbi. Herausforderungen für Chinas Finanzsektor. 1. Auflage, Grin, Bochum.

Lambrecht, L. (2011): Der Aufstieg einer neuen Handelswährung. In: China-Briefing, 2011, http://www.china-briefing.com/news/de/?s=aufstieg+einer+neuen+handelswaehrung.html/. 12.Juli 2012

Lexikon universal-wissen.de (2011): Renminbi. http://www.universal-wissen.de/lexikon/renminbi/. 28.Mai 2012

Madura, J./ Fox, R. (2007): International Financial Management. 1. Auflage, Thomson, London.

Moravec, L. (2011): China und Österreich erhöhen ihr Handelsvolumen. http://www.m-media.or.at/wirtschaft/china-und-osterreich-erhohen-ihr-handelsvolumen/2011/11/26/. 22. September 2012

Morrison, W. / Labonte, M. (2011): China`s Currency Policy. An analysis of the Economic Issues. http://www.fas.org/sgp/crs/row/RS21625.pdf. 26.Mai 2012

Moser, R. et al (2006): Internationale Geschäftstätigkeit mit Marketing. 1. Auflage, Manz, Wien.

Nanyang Bank (2011): Chinese Yuan Non-Deliverable Forward Contracts. http://www.ncb.com/hk/nanyang_bank/eng/html/121142.html. 01. September 2012

National-Bang AG (2012): International Newsletter. Non Deliverable Forwards in Renminbi Yuan. http://www.national-bank.de/uploads/tx_nbdirectmailconnector/Nr._12-Non_Deliverable_Forward_in_RMB.pdf. 01. September 2012

Naumer, H. et al (2012): Allianz Global. Der chinesische Renminbi- die neue Weltwährung. http://www.allianzgl.de/kapitalmarktanalyse/Analysen-und-Trends-der-chinesische-Renminbi-die-neue -Weltwaehrung.pdf. 04. Juli 2012

Norton Rose (2012): The Market for Dim Sum Bonds. http://www.nortonrose.com/knowledge/publications/61977/the-market-for-dim-sum-bonds. 07. August 2012

Nowaczyk, P.(2010): Wechselkurs und Währungsregime der Volksrepublik China. 1. Auflage, Grin, Duisburg.

Park, Y. / Song, C. (2011): Renminbi Internationalization. Prospects and Implications for Economic Integration in East Asia; In: Asian Economic Papers; Vol. 10, Iss. 1; S. 42-78.

Qingping, N. / Xiao, C. (2012): Keine Übereilung bei der Internationalisierung des Yuan. http://german.china.org.cn/business/txt/2012-04/16/content_25157192.htm. 17. Juli 2012

Raiffeisen Bank (2003): Auslandszahlungen. Kurs- und Zinssatzsicherung. http://www.raiffeisen.at/eBusiness/services/resources/media/1007665792534-1006623653496_1008453121036-98557852018528446-1-1-NA.pdf. 26. Mai 2012.

Rogoff, K. (2012): Warum ein flexiblerer Renminbi wichtig ist. http://derstandard.at/1334797060111/Kenneth-Rogoff-Warum-ein-flexiblerer-Renminbi-wichtig-ist. 07. Juli 2012

Rohde, R. (2012): Währung frei konvertierbar bis Ende 2012?. http://www.asienkurier.com/article/china/2011/ak110502-China-Waehrung-frei-konvertierbar-bis-Ende-2012.html. 25. Mai 2012

Royal Bank of Scotland (2012): CNH Market Guide-Volume 2. http://www.cfoinnovation.com/system/files/CNH%20Market%20Guide.pdf. 01. September 2012

Sato, K. et al (2010): New Estimates of the Equilibrium Exchange Rate. The Case for the Chinese Renminbi; In: Rieti Discussion Papers; Vol. 45, Iss. 10; S. 1-24.

Schimm, M. (2012): Bayrische Landesbank. Länderanalyse China. http://www.bayernlb.de/internet/media/internet_4/de_1/downloads_5/0100_corporatecenter_8/5700_volkswirtschaft_research_2/laender_1/laenderanalysena_k_1/china_2/China1105.pdf. 14. Juli 2012

Schoettli, U. (2007): China die neue Weltmacht. 1. Auflage, Schöningh, Zürich.

Somweber, W. et al. (2011): China, Land der Superlative, auch für Austro-Exporte: 472% Zuwachs seit 2000. http://portal.wko.at/wk/format_detail.wk?angid=1&stid=642765&dstid=0. 26. Mai 2012

Statistik Austria (2012): Eckdaten Außenhandel. Die wichtigsten Handelspartner Österreichs 2011. http://www.statistik.at/web_de/services/wirtschaftsatlas_oesterreich/aussenhandel/021535.html. 03. Juli 2012

Steurer, B. (2012): Exportmarkt China zwischen Risiko und Hoffnung. http://www.ots.at/presseaussendung/OTS_20100113_OTS0121/exportmarkt-china-zwischen-risiko-und-hoffnung. 26. Mai 2012.

Stockinger, W. (2011): Rechnen in Renminbi. http://www.firmenkunden.deutsche-bank.de/docs/Chinageschaeft_Renminbi.pdf. 27. Mai 2012.

Susbielle, J.F. (2007): China-USA. Der programmierte Krieg. 1. Auflage, Ullstein, Berlin.

Wo, L. (2011): The regulation of RMB in Hong Kong. http://www.deacons.com.hk/eng/knowledge/knowledge_416.htm. 27. Juli 2012

World Bank (2012): China 2030: Building a Modern, Harmonious, and Creative High-Income Society. http://www.worldbank.org/content/dam/Worldbank/document/China-2030-complete.pdf. 05. Juli 2012

Xuan, C. (2008): Wechselkursstabilität in China – Wechselkurspolitik in der VR China, ihre Auswirkungen und weitere Entwicklungen. 1. Auflage, Dr. Müller, Essen.

Yükyapan, E. (2011): Pilotprogramm zur Internationalisierung des RMB wird weiter aufgerollt. In: China-Briefing, 2011, http://www.china-briefing.com/.../pilotprogramm-zur-internationalisierung-des-rmb-wird-weiter-aufgerollt.html/. 14. Juni 2012